[illegible]

LIEUTENANT-GÉNÉ[illegible]

Traduit de l'[illegible]

Par Ed. DE LABA[illegible]

Capitaine du [illegible]

> Rien [illegible]
> anciens [illegible]
> exploits [illegible]
> dus qui les composent [illegible]
> même désir de gloire [illegible]
> ils se rendent [illegible]
> atteinte. [illegible]
>
> [illegible]

PARIS,

[illegible] MILITAIRE, MARITIME ET [illegible]

DE J. CORRÉARD [illegible]

[illegible]

RUE [illegible]

[illegible]

UTILITÉ D'ÉCRIRE L'HISTOIRE

DES

RÉGIMENTS DE L'ARMÉE.

Ouvrages de M. le Capitaine Ed. DE LA BARRE DUPARCQ.

DE LA FORTIFICATION, A L'USAGE DES GENS DU MONDE, brochure in-8° avec une planche, 1844.

BIOGRAPHIE ET MAXIMES DE BLAISE DE MONTLUC, brochure in-8°, 1848.

UTILITÉ D'UNE ÉDITION DES OEUVRES COMPLÈTES DE VAUBAN, brochure in-8°, 1848.

LE PLUS GRAND HOMME DE GUERRE, brochure in-8°, 1848.

CONSIDÉRATIONS SUR L'ART MILITAIRE ANTIQUE, brochure in-8°, 1849.

DE LA CRÉATION D'UNE BIBLIOTHÈQUE MILITAIRE PUBLIQUE, brochure, in-8°, 1849.

BIOGRAPHIE ET MAXIMES DE MAURICE DE SAXE, brochure in-8°, 1851.

TRADUCTIONS DU MÊME AUTEUR.

1° DE L'ALLEMAND.

DE LA FORTIFICATION ET DE LA DÉFENSE DES GRANDES PLACES, par le colonel prussien WITTICH, brochure in-8°, avec un plan, 1847.

HISTOIRE DE LA FORTIFICATION PERMANENTE, par A. de ZASTROW, 2 volumes in-8°, et un atlas in-f° de 18 planches, 1848.

ESQUISSE HISTORIQUE DE L'ART DE LA FORTIFICATION PERMANENTE, par le major prussien Louis BLESSON, in-8° avec une planche, 1849.

DESCRIPTION D'UNE ÉPROUVETTE PORTATIVE, par le général bavarois Charles de ZOLLER, brochure in-8°, avec cinq planches, 1849.

PRINCIPES DE LA GRANDE GUERRE, par le prince Charles d'AUTRICHE, un beau volume in-f° avec vingt-cinq planches coloriées, 1851.

2° DE L'ESPAGNOL.

THÉORIE ANALYTIQUE DE LA FORTIFICATION PERMANENTE, par le colonel Don José HERRERA GARCIA, 1 volume in-8°, avec un atlas in-4°, de 9 planches, 1847.

CAPITAINES ANCIENS ET MODERNES, par le lieutenant-général, Don Evaristo SAN MIGUEL, brochure in-8°, 1848.

UTILITÉ D'ÉCRIRE L'HISTOIRE DES RÉGIMENTS DE L'ARMÉE, opuscule suivi de l'HISTOIRE DU RÉGIMENT DE JAEN, par le lieutenant-général comte DE CLONARD, brochure in-8°, 1851.

Paris. — Typographie de H. V. DE SURCY et Cie, rue de Sèvres, 37.

UTILITÉ D'ÉCRIRE

L'HISTOIRE

DES

RÉGIMENTS DE L'ARMÉE

OPUSCULE SUIVI DE

L'HISTOIRE DU RÉGIMENT DE JAËN

PAR

LE LIEUTENANT-GÉNÉRAL COMTE DE CLONARD

Traduit de l'Espagnol

Par Ed. DE LA BARRE DUPARCQ,

Capitaine du Génie.

Rien n'est plus utile à la défense d'un État que les anciens corps de troupes qui tiennent à honneur les exploits et les victoires qu'on en rapporte. Les individus qui les composent adoptent la même ardeur et le même désir de gloire que leurs devanciers, et rarement ils se rendent coupables d'une lâcheté qui y porterait atteinte. COLON DE LARREATEGUI.

(Discours préliminaire du Tribunal militaire, t. Ier, p. 22).

PARIS,

LIBRAIRIE MILITAIRE, MARITIME ET POLYTECHNIQUE

DE J. CORRÉARD,

LIBRAIRE-ÉDITEUR ET LIBRAIRE-COMMISSIONNAIRE,

Rue Christine, 1.

1851.

1852

M. le Lieutenant-Général *comte de Clonard* prélude à la publication de son *Histoire de l'organisation de l'armée permanente* par l'insertion dans la *Revista Militar* d'opuscules relatifs à ce grand travail.

Je publie aujourd'hui la traduction de l'un d'eux, intitulé : *Utilité d'écrire l'histoire des Régiments de l'armée*, suivi de l'*Histoire du régiment de Jaën* (1).

Au moment où l'on s'occupe en France d'écrire l'histoire des régiments, il m'a semblé que l'opuscule de M. le général *de Clonard* pouvait offrir de l'intérêt. Cet écrit se recommande d'ailleurs par son exactitude historique, sa manière de présenter les faits, son style nerveux et rapide. J'ai essayé, tout en observant une scrupuleuse fidélité, de rendre les effets de ce style : cependant, je le crains, le lecteur ne pourra réellement apprécier que les deux premières de ces qualités qui font vivement désirer que l'auteur fasse bientôt paraître son *Histoire de l'organisation de l'armée permanente.*

ED. DE LA BARRE DUPARCQ.

15 novembre 1848.

(1) Extrait des numéros du 25 avril et du 10 mai 1848.

UTILITÉ D'ÉCRIRE

L'HISTOIRE

DES

RÉGIMENTS DE L'ARMÉE.

Notre but n'est pas de démontrer l'utilité d'écrire l'histoire de chaque corps de l'armée, avec l'étendue et les minutieux détails qu'exige l'histoire d'une nation, d'une ville ou d'un peuple : outre qu'elle serait ainsi compliquée et volumineuse, elle ne ferait autre chose que répéter cent fois les mêmes exploits, ce qui offrirait une lecture fastidieuse. Il suffit de reproduire tout ce qui, par la gloire et l'enthousiasme militaires, peut flatter le souvenir de l'homme qui professe l'honorable carrière des armes, et de lui représenter ce qui en tout temps a conduit à la perfection celui dont les pas ont toujours été guidés par l'honneur et par le devoir.

Pour conserver ce prodigieux stimulant, nos rois eurent soin de perpétuer l'existence de ces vaillantes légions de fantassins et de ces fameuses bandes de cavaliers, — portant tantôt le nom de leurs principaux chefs, quelquefois le nom des saints protecteurs, 'autres fois les titres royaux des princes, ou ceux des ordres équestres, des royaumes, des provinces, des villes, ou bien distinguées par la couleur de leurs vêtements, — qui, depuis la mer du Nord jusqu'à l'Océan pacifique, et depuis les déserts de Sahara jusqu'aux côtes septentrionales de la Scandinavie, ont promené leurs armes triomphantes et couvert d'épouvante les générations et les pays des deux hémisphères. Ce fut ainsi que les Espagnols formèrent « ce fameux corps d'infanterie, la terreur de toute l'Europe pendant 550 ans, » comme dit *Roberston* (1).

Le soldat espagnol, dès la transformation du gouvernement féodal en pouvoir royal, acquit un profond respect pour ses souverains; mais sans oublier en aucune manière les droits qu'il avait comme homme, en vertu de l'esprit de l'Évangile et des progrès de la civilisation, ni sans tolérer davantage l'humiliante domination des influences étrangères.

Depuis la création et l'organisation des forces publiques, on a toujours indubitablement considéré comme base de l'association militaire la subordina-

(1) Histoire de Charles V.

tion la plus complète. Il ne faut pas oublier que, chez les soldats espagnols chargés de défendre la patrie, ce moyen d'impulsion se trouvait en harmonie avec les idées des divers royaumes et provinces de la monarchie péninsulaire. Les coutumes, les souvenirs, les habits, les dictons, en un mot l'histoire non écrite (qu'on me permette le mot), formées par les traditions, les contes, les historiettes et les romances des générations précédentes, étaient les causes morales qu'étudiaient nos chefs, avec un scrupuleux examen, pour les rendre uniformes. Ces chefs, personnes notables par leur noblesse immémoriale, ou sortant d'un peuple honorable et depuis longtemps chrétien, professaient toujours des doctrines pures et regardaient avec respect les impressions fortes qui naissent et se fortifient dans le cœur de l'homme; jugeant inopportun de les chasser du cœur, parce qu'elles seules suffisaient pour subordonner la jeunesse au commandement imposé par la loi militaire.

Les Espagnols, peu de temps avant d'entrer en campagne, acquièrent une férocité semblable à celle des Scythes et des Celtibériens, mais qui se modifie par la rigueur de la discipline. Ils se plient difficilement au commandement de ceux qui ne sont pas nés sur le territoire de l'Ibérie, parce que leurs officiers ont tels don et adresse pour les diriger, qu'ils se dégoûtent si la manière dont on les traite ne réunit pas la franchise démocratique à l'impérieux du féodalisme : une expression énergique, un souvenir rappelé à propos, une indication de rivalité provinciale, un encouragement marquant confiance dans l'homme, ou quelque démonstration d'affection, suffit pour ranimer leur courage et les faire mourir aux côtés de leurs chefs.

Que d'exemples n'en avons-nous pas vus durant les guerres continuelles soutenues à l'intérieur et à l'extérieur de notre territoire! Combien d'officiers furent contraints d'employer la menace pour forcer les blessés à se laisser conduire à l'ambulance! Ces soldats valeureux, tombés à terre et baignés dans leur propre sang, ne faisaient attention qu'à décharger leurs fusils, et leur bouche, au lieu de gémir, demandait des munitions. « L'héroïsme de tels hommes, dit *Sénèque* (1), disparaît à peine avec la mort. »

Si nous considérons la gaîté et le génie joyeux des Espagnols comme un principe vivifiant, émanant du climat sous lequel ils vivent, il ne faut pas nous étonner que le langage militaire participe de cette influence. L'importance de leur présence dans les armées du Nord et du Midi, leur valeur acquise dans une série de campagnes continues, l'orgueil nationale, la renommée de leur courage poussé jusqu'à la témérité, leur pratique dans l'art de la guerre et leur adresse dans le maniement de toutes les armes, produisirent nécessairement des conversations, des

(1) Hommes illustres, Livre IV.

pronostics, des détails, des récits et des idées qui engendrèrent insensiblement un idiome et une nomenclature qui les distinguent des autres nations, et la création de la science pratique universellement connue sous le nom d'*école de Flandre*.

La rivalité des corps dans une même armée ne détruisit pas la force de l'union patriotique lors d'une lutte contre des troupes étrangères; chacun considérait son corps ou régiment comme le plus intrépide dans le combat, le plus régulier dans les manœuvres et le plus endurant dans les marches. Lorsque les provinces étaient réunies autour d'un feu de joie, on racontait magistralement le nombre des assauts et des batailles livrés, les défenses, les surprises, les camisades, les défauts remarqués et le moyen d'y remédier.

Le soldat espagnol réunit dans son cœur toute la valeur, la science, l'orgueil et la piété inaltérable de l'ancien paysan de Castille : accoutumé, dès son âge viril, à jouer à la barre (1), à lutter contre l'ours, à courir après le loup, à balancer son gourdin pour sauter les torrents, à abattre en six coups de hache un chêne de trois siècles, à renverser de pied ferme

(1) Ce jeu, qui a longtemps été usité dans les troupes françaises, exigeait de la force et de l'adresse, car il consistait à lancer une barre de fer très-pesante à une grande distance : celui qui la lancait le plus loin gagnait le prix.

(*Note du Traducteur.*)

le taureau de Jarama, à dompter un poulain du Genil, à dormir sur une peau de bête, sans autre nourriture que le ragoût de mie, à passer éveillé des nuits entières, déjà tout couvert de fer et brandissant la pique de vingt-deux palmes, ou plaçant sa balle où il le désire, à marcher enfin au son des chansons de son pays des 12 et 14 lieues par jour, aussi bien sous les frimas du Nord que sur les sables brûlants de l'Afrique. N'est-ce pas là un soldat d'Épaminondas, un athlète des cirques de Romulus et un gymnaste de l'école de Sparte ?

La valeur et la loyauté produisent l'amour de la patrie, amour désintéressé qui donna naissance à un mot indestructible qui distingue cette nation, mot que nous ne retrouvons en aucun autre pays, à l'*espagnolisme*. Pour comprendre sa signification, pour dégager cette inconnue mystérieuse que beaucoup connaissent et que peu entendent, nous ferons quelques observations. La gravité de notre génie tutélaire oblige le cœur à cacher dans son étroit diamètre une puissance de répression qui se laisse difficilement voir sur le visage, et qui a peine à exciter le tissu musculaire par des gestes plus ou moins exagérés, mais jamais comiques ou mimiques : aussi ni Démocrite, ni Héraclite ne trouvèrent leur place parmi nos passions, et Melpomène et Thalie ne furent pas cultivées parmi nous.

Chez les Espagnols l'amour de la patrie ne dérive que de deux grands stimulants, à savoir, la religion et l'honneur : quand une main étrangère leur arrache leurs prêtres, se moque de leurs exorcismes, de leurs conjurations, de leurs patrons et de leurs confréries, on entend un bruit sourd et lent, mais qui se termine comme l'éruption d'un volcan, dont la lave, s'élançant sur ceux qui ont osé passer le Rubicon, les réduit en cendres sans miséricorde. Ils croient donc ceux-là que l'on peut impunément abuser d'une épouse, d'une fille, des cheveux blancs d'un vieux père? Qu'il est licite d'insulter le brave Castillan, en le déshonorant par les épithètes de barbare, d'îlote, de brut et de lâche? Ah! malheureuse la bouche qui proféra de telles expressions! Un changement terrible altère les traits du Castillan ordinairement si tranquille, si pacifique: son visage pâlit de colère, ses yeux s'enflamment comme ceux du tigre, ses narines se dilatent comme celles de l'alezan du désert, ses cheveux se hérissent comme ceux d'une bacchante et sa voix résonne épouvantable comme celle de la furie de l'Averne. En cet état il ne redoute pas des forces centuples; son sang bout comme celui de la lionne à laquelle on a arraché ses lionceaux : fatiguée et déchirée elle frappe son ennemi, contemple son cadavre, et un sourire sardonique vient satisfaire son amour-propre offensé. Les sexes se confondent, les opinions s'apaisent, les rivalités disparaissent, la campagne sonne l'alarme, chaque province agite le pennon de guerre, chaque ville devient une Sagonte, chaque maison un château-fort, chaque poitrine un rempart : *vaincre ou mourir* est la dernière résolution. Tel est le caractère espagnol. De quel droit chercher à imposer la servitude étrangère à un peuple indépendant? Ne conservons-nous pas aussi parmi nous la mémoire des camps de Syracuse, de Cannes, de Stralsund, de Moscou et de Lisbonne? Ne nous entraîna-t-on pas, avec une foi punique, loin de nos foyers pour être des instruments d'ambition et servir de conquérants avec la pointe de nos épées? Ces *barbares*, ces *îlotes* déchirèrent, à la fin, le voile mystérieux d'Eleusis et vengèrent le joug des Fourches Caudines depuis Baylen jusqu'aux Pyrénées. Peuples de l'Europe, venez en Espagne, et vous trouverez sous chaque plante les témoignages d'une imprudence : la mort ne les a pas réduits en cendres; soulevez la terre et vous reconnaîtrez vos compatriotes, vos frères, vos amis. Peuples civilisés du monde moderne, la civilisation proscrit pour toujours le droit d'usurpation, et apprend à respecter l'indépendance des nations: laissez-nous la loyauté de Castille, le trône de nos rois et le pain d'ordonnance; retirez de notre vue l'or corrupteur des magistrats de Jérusalem; arrivera le jour où la torche funeste de la discorde s'éteindra dans l'océan de nos malheurs, et personne n'aura amassé 30 pièces de monnaie pour vendre le juste.

En même temps qu'ils nous qualifient de fiers, les ultramontains conviendront qu'il n'existe pas sur la terre de soldat qui supporte avec plus de constance les privations de la vie : que l'on accuse de défaut de système les gouvernements passés, que l'on prenne en compte la corruption de l'administration publique, ou que l'on mesure par dizaines les révolutions occasionnées par l'ange de l'abîme, on ne niera pas la docilité des Espagnols mise à l'épreuve au delà de tout courage humain. On a vu des corps de fantassins traverser en vingt-quatre heures des zones de 20 lieues, sans autre aliment que la fumée du cigare, sans autre vêtement qu'un pourpoint ou une veste trouée ; commencer la marche sous une chaleur de 40 degrés et camper sur la cime glaciale des neiges perpétuelles ; recevoir en été le vêtement de l'hiver et y substituer en hiver l'habit de l'été ; pendant des jours, des mois et même des années, manquer de leur solde et de leurs superfluités, et l'on prétendrait que ce soldat est un automate ! qu'il ne raisonne pas ! qu'il n'a pas de droits comme homme ! Si, il en a, car sa résignation et sa constance le rendent supérieur aux légionnaires du Capitole et aux phalangistes de la Macédoine..... Tenez compte de cette maxime et ne l'oubliez pas : « *Nous sommes comme le feu qui s'amortit quand on le délaisse, mais qui jette chaleur et lumière dès qu'on le souffle* (1). »

Il en coûta à nos soldats de jurer fidélité pour la

---

(1) Gonzalo de Céspedes y Meneses, Histoire de Philippe IV ; première partie, livre VI, chap. 2, page 436.

première fois au neveu de Saint-Louis. Mais n'ignoraient-ils pas les ruses et la politique machiavélique de Louis XIV? Qui, d'ailleurs, précéda l'arrivée de Philippe V? Ne fut-ce pas une troupe de projetistes et de charlatans des rues de Paris, qui, poussés par la faim et poursuivis par la maréchaussée, reçurent des passeports pour venir nous éclairer? Ne pouvaient-ils pas au moins songer que le plaisir de la mode et la conversation plus agréable du beau sexe de leur suite, étaient autant de feuillets qui raillaient et ridiculisaient nos mœurs et notre caractère national? Toutefois, l'armée fut la première à montrer au peuple le devoir religieux de l'obéissance.

Aucune nation du monde ne se verra, avec dédain, soumettre à l'influence étrangère : l'aigle d'Autriche disparut en 1700, et les lis de France se gravèrent tranquillement sur l'écu de Castille ; les corps et les bataillons de Flandre et de Milan se transformèrent en régiments ; les mestres de camp en colonels, les sergents généraux de bataille en maréchaux de camp, et l'habit militaire des Allemands fut remplacé par le vêtement de la maison de Bourbon.

Si l'on disait à un Français ou à un Anglais qu'on lui impose l'obligation d'abandonner son café et son thé pour l'ail et l'ognon, le soulier pour la sandale, la culotte pour le zaraguell, on offenserait profondément la susceptibilité de Paris et l'orgueil d'Albion ; mais nos soldats, quelle que fût leur répugnance pour cette nouvelle métamorphose, entrèrent soumis sous es ordres de la nouvelle dynastie. Les Vendôme, les Tessé, les Noailles et les Berwick, firent bien de déposer eur amour-propre devant l'aspect réservé et sévère de nos armées castillanes, qui refoulèrent dans leur cœur le déplaisir de se voir gouvernées par les mêmes généraux qui étaient, peu auparavant, leurs ennemis, et il fallut tout le respect que méritait le jeune Philippe, et toute la loyauté d'une parole engagée, pour qu'elles n'en vinssent pas plus d'une fois aux mains avec les troupes auxiliaires, et la plupart de ceux qui étaient venus chercher fortune n'eurent plus qu'à repasser les Pyrénées. L'état de misère amené par l'incurie des ministres de Charles II, fut réparé par l'activité et la pureté de ceux de Philippe V : l'uniformité dans tout le système militaire embellit nos rangs, remplit les caisses d'argent donné par les particuliers, ranima l'enthousiasme, et des milliers de jeunes gens volèrent aux armées prendre le fusil et la baïonnette afin de verser leur sang pour la race des Capets. L'Espagne recouvra son crédit, et Léon le Recaredo fut abandonné par la fièvre qui le tourmentait depuis Philippe III ; l'écho de son rugissement chassa la tourbe des munitionnaires et des négociants impurs qui avaient appauvri la patrie : il dénuda le pharisëisme, l'hypocrisie et l'exclusivisme des monopolisateurs ; la religion déchira le triste voile qui l'obscurcissait, fixa la croix pour enseigne universelle, distribua aux corps les autels du sacrifice non sanglant, répartit les vases sacrés, dota décemment les prêtres, prescrivit l'observation de ses augustes cérémonies, indiqua les époques de l'administration des sacrements et les priviléges de l'Église militaire, fonda dans les nouvelles légions des confréries de charité et d'union apostolique, et les paroissiens de ces paroisses ambulantes ne manquèrent plus à l'avenir de la parole divine, de consolations dans la maladie, d'encouragements dans le péril, et les cendres des martyrs entendirent, du fond de leurs tombes, les cantiques de miséricorde et de salut éternel. La trompette guerrière sonna une marche harmonieuse, semblable à la voix de Jéhova qui, du haut du Sinaï, proclamait en face d'Israël la nouvelle loi comme une ère de bonheur ; à ses accents, le cœur du soldat tressaillit et le cheval hennit d'allégresse : si cette marche est une inspiration sainte qui étonne le philosophe, elle rappela aux Espagnols leurs jours de gloire, leur fit oublier leurs offenses, dissipa leurs terreurs et les fit vaincre. Le soldat recouvra son énergie, les officiers leur considération et les armes leur véritable brillant : les mœurs et les bons usages restèrent intacts ; le patriarcat se renouvela dans les chefs, en y ajoutant d'autres noms non moins dignes des fils de Hermenegilde et Ferdinand. « La religion, dirons-nous avec Châteaubriand (1), prévient la sécheresse de l'âme ; c'est ce que voulait dire cette huile sainte,

(1) Génie du Christianisme, première partie, livre VI, chap. 5.

avec laquelle le christianisme consacrait la royauté, la jeunesse et la mort, pour les empêcher d'être stériles. — Le guerrier s'avance au combat : sera-t-il athée, cet enfant de la gloire ? Celui qui cherche une vie sans fin, consentirait-il à finir ? Paraissez sur vos nues tonnantes, innombrables soldats, antiques légions de la patrie ! Dites aux héros de notre âge, du haut de la cité sainte, que le brave n'est pas tout entier au tombeau, et qu'il reste après lui quelque chose de plus qu'une vaine renommée. »

Les vétérans, blanchis sous le casque militaire, avaient la louable habitude de conserver dans des chapelles portatives les fastes de leurs exploits, imitant le peuple d'Israël, qui avait déposé dans l'arche sainte les livres sacrés. Les soldats de nos phalanges, l'arquebuse et la pique en main, prosternés sur le sol, recevaient au moment du combat la bénédiction du vicaire général de l'armée, et offraient dans une courte prière le sacrifice de leur vie. Alors ils marchaient au péril avec un cœur de lion et mouraient tranquilles, satisfaits d'avoir accompli le devoir sacré de leur serment. Quand la ténacité de l'ennemi opposait de la résistance, ils tournaient leur visage vers la croix de leurs bannières, et, avec le cri de *saint Jacques, attaque, Espagne*, ou de *Vive le Roi*, invoquant la Vierge patronne de leur corps ou régiment, ils remportaient la victoire qui couronnait les efforts de leur foi et de leur valeur. Mais ces triomphes étaient toujours accompagnés de cette générosité castillane enviée par les étrangers. Pendant la mêlée ils étaient terribles ; quand ils voyaient au contraire à leurs pieds et entendaient la voix tremblante de la miséricorde, leurs armes tombaient à terre et un embrassement fraternel accordait la vie. Lisez l'histoire, elle vous révélera ce que furent les fantassins et les cavaliers de Castille.

A peine les clairons et les tambours avaient-ils annoncé la victoire, que les cantiques sacrés du clergé militaire résonnaient sur le champ de bataille ; les uns faisaient des promesses pieuses, d'autres léguaient une partie de leurs gains pour le culte de la protectrice du corps dans lequel ils servaient. Combien de fois le sang des héros ne fut-il pas expié dans de touchantes cérémonies en présence de leurs rois, pendant les guerres prolongées qui durèrent de la fin du XVe siècle à la fin du XVIIIe siècle. Ferdinand V, Charles Ier, Philippe II, Philippe V et Charles III payèrent un juste tribu à la mémoire de tant de valeureux soldats, suivant la maxime de Pulgar (1) que « certainement la présence du prince fait beaucoup dans les batailles, autant parce qu'elle anime les siens, que parce que le brave ne reste pas alors sans récompense, ni le lâche sans être démasqué. »

Après l'extinction de la dynastie autrichienne,

(1) Chronique des rois catholiques, troisième partie, chap. 116.

les Bourbons réveillèrent ces salutaires coutumes, pour ainsi dire endormies sous le malheureux règne de Charles II. Un ordre royal du 23 septembre 1724, communiqué aux inspecteurs généraux de l'armée, ouvrit la série des recherches sur l'origine et l'antiquité des régiments; on les prévint ensuite que, dans le délai précis de six mois, comptés du 1er janvier 1738, ils eussent à présenter leurs mémoires justificatifs sur cet objet, mesure qui produisit dans toute l'armée une sensation si vive, qu'elle fut embrassée avec chaleur, et que l'on peut dire que les archives furent purifiées de la poussière qui les couvrait depuis bien des années. Mais cet enthousiasme, qui s'était propagé comme l'électricité, fit tomber dans des exagérations regrettables, à cause des circonstances qui firent perdre cet amour pour l'histoire, et il surgit des disputes et des contestations en telle quantité sur l'existence *immémoriale* des régiments, que chacun prétendit soutenir ses prétentions avec de vastes et diffuses allégations produites par des avocats et des procureurs grassement payés par le corps d'officiers. Enfin le roi mit un terme à cette espèce de fanatisme en terminant les dissentiments par son ordonnance royale du 16 avril 1741, qui n'interdisait pas le droit de fouiller les annales des corps, mais qui fixait la préférence et épargnait des différends.

Depuis cette époque on rassembla, avec plus ou moins d'assiduité, des notices pour la chronique militaire, jusqu'à ce que Charles IV désirant, sous le ministère du Prince de la paix, que l'état-major général écrivît les mémoires historiques de tous les corps, les inspecteurs publièrent, sous les dates des 16 et 30 mai 1806, une circulaire renfermant les questions nécessaires pour pouvoir accomplir entièrement cette tâche. Le 1er mars 1812, la régence du royaume rendit un autre décret pour que l'on nommât dans chaque régiment un officier intelligent qui en rédigea l'histoire depuis son origine. A la fin de la glorieuse lutte de notre indépendance, les mêmes inspecteurs adressèrent aux régiments, les 26 et 29 février 1816, un autre interrogatoire sur le même objet. On voit donc que le désir de connaître les services rendus par les troupes nationales n'était nullement mis en oubli; et l'on doit remarquer le zèle infatigable du gouvernement de S. M. pour l'exposer à la vue de l'armée et à portée du public.

Sans ces utiles travaux, comment aurions-nous connaissance de tant de faits glorieux qui doivent renaître de nos jours? Saurions-nous d'où provient qu'un grand nombre de corps d'infanterie ont eu des surnoms comme les légions romaines (1) et

(1) Le livre antique intitulé: *Notitia imperii* donne la liste des troupes espagnoles qui servaient avec les Romains; non-seulement les légions étaient numérotées et avaient des noms, mais elles portaient aussi des surnoms comme 1• Flavia *de la paix*, II• Flavia *de la vertu*, III• Flavia *du Salut*, VII• Gemela *Pieuse heureuse*, etc. Voyez le P. *Flores*, Espagne sacrée,

ıour quelles raisons on appelait, en 1590, le régi-
nent de la reine le *régiment des Chevaliers;* en
643 celui de Soria le *régiment du sang;* en 1648
elui de Savoie *la terreur des Français;* en 1658 ce-
ui de Guadalajara le *régiment des tigres?* Combien
le bannières flottaient en tête d'autres régiments
ıvec des distiques et des épigraphes gagnés par leur
'aleur et leur intrépidité (1). Cette coutume ne se
imitait pas à la seule infanterie; les régiments de
avalerie et de dragons avaient sur leurs étendards
les témoignages indélébiles de leurs services émi-
ıents et distingués, qui rappelaient aux soldats les
ıauts faits de leurs pères et maîtres (2). Les cravates

---

ome XXIV. — Médailles, tome Ier, et Mendoza, Hist. de la milice espagnole.

(1) On lisait sur les bannières de l'Afrique : *Honneur, fermeté, constance;* sur celles de Zamora : *La patrie est mon guide et la fidélité ma devise;* sur celles de la couronne : *Dum prœliatur coronatur marique terrœ;* sur celles de Majorque: *Prius flammis combusta quam armis victa.* On avait appliqué sur celles de Murcie : *Priscas novissima, exaltat et amor;* et sur celles de Burgos le verset du chapitre XIX du prophète Isaïe : *Civitas solis vocabitur una.*

(2) Indépendamment des emblèmes de guerre, quelques corps avaient obtenu des inscriptions remarquables. Bourbon portait: *Dant sœcula viris;* Algarve. *Virtus unius dissipat hostes collectos;* les dragons du Roi : *Ab ungue leonis Belgiœ regis regaliœ,* les dragons de la Reine : *Regali hâc tessera nihil parendum ;* les chasseurs volontaires d'Espagne : *Unius virtus unita fortior;* et les hussards espagnols, le dicton grec : Πρωτος και εκτος.

rouges portées par les soldats du régiment de Guadalajara, ainsi que les têtes de mort et les os qui se trouvaient sur les casaques des dragons de Lusitanie, n'étaient pas de simples ornements; l'étendard bleu du régiment du Prince et le musicien vêtu à la turque du régiment d'Alcantara, signifiaient autre chose qu'un caprice. L'explication de semblables distinctions et la possession de tels priviléges appartiennent à l'histoire : à elle revient cette précieuse mission, comme en même temps c'est un devoir pour elle de recueillir les paroles célèbres de nos guerriers éminents, paroles qui proviennent de cette éloquence militaire née du cœur dans des moments d'enthousiasme, et qui ont fait obtenir tant de victoires à nos armes.

A quoi bon multiplier la formation de nouveaux corps, quand leur enfance et leur puberté ne rappellent que les jeux puérils de courts jours d'existence, en même temps qu'elles condamnent à l'oubli ces légions invincibles qui, pour avoir bordé leurs drapeaux avec les lauriers de leurs triomphes, n'ont eu d'autre récompense que la triste couronne de cyprès sur leur urne funéraire (1). Aussi quand, sous la dynastie autrichienne, deux anciens régiments furent licenciés pour s'être soulevés, prit-on la

(1) Le gouvernement de S. M. reconnut cette injustice quand il fit revivre un grand nombre d'entre elles par décret du 16 août 1847.

même précaution vis-à-vis d'autres régiments qui maculèrent par des taches leur réputation en s'ameutant pour demander les récompenses qu'ils avaient méritées? Non sans doute; s'ils avaient perdu la grâce baptismale de leur naissance, un autre baptême de sang devait laver leurs erreurs passées. On ne compte, avons-nous dit, que deux châtiments depuis Philippe II jusqu'à Charles II, et un seul depuis Philippe V jusqu'à Charles IV. Pendant la première de ces périodes on est ému des tristes paroles du mestre de camp du fameux régiment de Naples, don Sancho Martinez de Leiva, lors de la douloureuse cérémonie qui eut lieu en Flandre en 1574 (1), et c'est avec un non moins profond sentiment de douleur que l'on considère la terrible sentence imposée au régiment d'infanterie de La Reine à Cadix, en 1769, régiment commandé par le comte de Revillajigedo (2). La dissolution de l'armée, en 1823,

(1) Pour s'être mutiné, ce corps fut licencié par ordre du gouverneur général, et don Sancho se tournant vers le porte-étendard, lui dit : « Allez, abattez la bannière et pliez-la; car, à l'avenir, jamais bannière ne flottera en avant de ce vieux régiment. »

(2) Ce corps, créé le 15 juin 1735, n'est pas le corps actuel de ce nom primitivement appelé Galicie. Pour s'être soulevé à Panama on le fit revenir en Espagne, et il fut dissous à Cadix par ordre royal du 24 octobre 1769, et ses drapeaux brûlés le 29, en même temps que le chef d'état-major de la place lut la sentence suivante. « Par le Roi, ce régiment est

n'a pas guéri la plaie de la révolution pour avoir condamné tous les anciens régiments à l'oubli, en imprimant sur leurs bannières et étendards un sceau ignominieux. Il est très-facile de détruire, mais plus difficile de reconstruire ; si ce que l'on détruit jouissait de la consécration des siècles et du respect des générations, ce que l'on établit a besoin de l'expérience du même laps de temps pour parvenir à posséder le crédit de ce qui a été détruit : c'est une vérité incontestable. Dans l'opinion de beaucoup de personnes, cette maxime paraîtra peut-être insignifiante ; nonobstant on y eut égard dans la réforme du 20 avril 1715, après la multiplication des corps nouvellement créés pour la guerre de la succession, parce qu'à l'exception d'un petit nombre, les autres furent réformés ; et pour que leurs services ne restassent pas enterrés, les plus renommés formèrent les seconds bataillons des anciens régiments, et la même prévoyance fut observée dans la réforme du 2 mars 1815, lorsque la guerre de l'indépendance fut terminée. De cette manière les recrues qui remplaçaient les vétérans écoutaient avec orgueil leurs exploits guerriers, parce qu'ils regardaient avec respect et envie l'écusson de constance couronné de lauriers qui décorait leur avant-bras ; parce que, « rien

---

licencié pour s'être défendu les armes à la main contre la subordination, et n'avoir pas recouru à la bienveillance de S. M. par les moyens réguliers. »

le plus utile à la défense d'un État que les anciens corps de troupes, qui tiennent à honneur les exploits et les victoires qu'on en rapporte. Les individus qui les composent adoptent la même ardeur et le même désir de gloire que leurs devanciers, et rarement ils se rendent coupables d'une lâcheté qui y porterait atteinte. »

Pour donner une preuve de cette vérité et pour réorganiser historiquement l'armée, nous prenons la liberté de publier l'histoire du régiment d'infanterie de Jaën, qui a éprouvé tant de vicissitudes depuis sa création. Cet essai pourra donner une idée de notre travail composé à force de temps, d'étude et de patience; et nos renommés et intelligents compagnons d'armes apprécieront la convenance ou l'inutilité d'adopter un système qui rappelle à la mémoire des vivants ce qui s'effaçait de celle de nos aïeux.

Lisez au soldat ce qu'il fut toujours, parce que le soldat espagnol est le plus susceptible d'impressions nobles et héroïques; les soldats d'Isabelle Ire n'étaient pas plus valeureux que ceux d'Isabelle II. L'union, la religion, la moralité, la discipline et la justice ont enfin rendu à l'armée la considération que lui avaient enlevée des émissaires étrangers : l'union, la religion, la moralité, la discipline et la justice, sauveront le trône et la patrie.

HISTOIRE

DU

RÉGIMENT D'INFANTERIE

DE JAËN.

Patronne : Notre-Dame-de-la-Chapelle.

> On ne pourrait croire, si on ne l'avait vu, que l'on eût détruit des régiments aussi anciens que ceux de Jaën et de Cuença, qui avaient dans l'école de Flandre la prééminence de *maîtres*, quand on a épargné et fait revivre ceux qui s'honoraient d'être leurs *disciples*. SAMANIEGO.
>
> (*Dissertation sur l'antiquité des régiments d'Espagne.*)

ORGANISATION.

Nous avons trouvé, dans les archives de l'ancien Conseil suprême de la guerre, l'origine de ce corps dans les termes suivants :

« Je soussigné, commissaire aux revues de l'armée de S. M. dans les États de Flandre, entre les mains duquel sont les papiers du bureau des soldes de l'armée desdits États, certifie que le corps (*tercio*) d'infanterie espagnole, du mestre de camp don José de

Saavedra, est arrivé d'Espagne en Flandre au mois de décembre 1637, et que son dernier mestre de camp a été don Luis del Valle, nommé en cette qualité le 12 mai 1698. Et pour qu'il serve à ce qui convient, je donne le présent certificat en vertu de l'ordre du Conseil des intendants des finances de S. M. I. C. en date du 11 avril 1739, et j'y pose le sceau antique dudit Conseil de Bruxelles le 15 mai suivant. — *Don Mateo Florez de Sierra.* »

Et en effet, sur l'état d'ancienneté de tous les régiments d'infanterie, de cavalerie et de dragons existant en 1732 (1), état qui se trouve dans les archives de Simancas, l'origine du régiment de Jaën est fixée à l'année 1637.

A sa création, le pied de sa force fut fixé, par l'ordonnance du 28 juin 1632, à 15 compagnies de 200 hommes, divisées chacune en 60 piquiers, 90 arquebusiers et 40 mousquetaires, composition modifiée par l'ordonnance du 10 avril 1702, qui réduisit les corps (*tercios*) à 13 compagnies de 37 arquebusiers et 10 piquiers, et, depuis l'organisation de l'infanterie en régiment, par celle du 28 septembre 1704 : Jaën suivit les altérations qu'éprouva cette organisation jusqu'à ce jour.

Lors de la réforme des troupes, décrétée le 20 avril 1715, on respecta l'antiquité de ce corps en le

(1) Secrétairerie de la Guerre, supplément; liasse n° 30.

refondant le 15 mai comme second bataillon dans un nouveau corps qui avait l'honneur de communiquer son nom que lui avait confirmé une ordonnance du 28 février 1707, et dès lors l'ancien régiment de Jaën qui occupait en Flandre le quatrième rang parmi ceux qui combattaient dans cette armée, ne fut plus connu que sous le nom de Pantoja (don Alonso), qui fut son dernier mestre de camp et le premier colonel avec lequel il vint en Espagne.

Le nouveau Jaën fut l'un des dix régiments levés par ordre du roi Charles II pour combattre les Français, par suite de l'avis royal du 20 janvier 1694 qui pourvut à son organisation avec le produit du tirage au sort de deux hommes par chaque centaine d'habitants de la couronne de Castille. Sa formation eut lieu dans la capitale de son nom, et commença le 20 mars, d'après l'instruction envoyée le 29 février au mestre de camp désigné, don Jacinto Espinosa, à son sergent-major don Juan Fernandez Pedroche, au corrégidor de la ville et au très-révérend Évêque, instruction qui leur prescrivait de commander la réunion immédiate des 1,000 hommes qui devaient le composer, de former les compagnies, de faire nommer par le corrégidor un payeur et de faire délivrer par celui-ci au mestre de camp 1,200 réaux de vellon pour tambours et 4 drapeaux; de plus S. M. priait l'illustrissime Évêque de préparer convenablement la chapelle de campagne. On distribua au régiment de Jaën des habits de drap couleur poil de rat, et quand il arriva à Sarragosse on procéda à son armement.

L'utilité du nouveau Jaën se réunissant à celle de l'ancien, on revint à confirmer le même nom par règlement du 10 février 1718; mais après quelque temps, l'inspecteur, marquis de Lede, eut intention de le réformer (1722); mais il fut sauvé par l'intervention du marquis de Valdesegura; on revint à la même intention en 1727. Don Juan Antonio Samaniego, procureur fiscal du conseil suprême de la guerre, dans sa dissertation sur l'antiquité des corps de l'armée, regrette, « pour le régiment de Jaën, la mauvaise étoile qui a coutume de l'accompagner avec les bienveillantes ou malveillantes influences des mêmes généraux. » En effet, au commencement de 1733, après qu'on eut reconquis Oran, il fut réformé et devint le second bataillon du régiment de la Couronne.

Après 60 ans accomplis de cette imméritée fusion, S. M. le roi Charles IV rappela à la vie cette célèbre légion pour défendre la patrie contre l'invasion des Français, acte de justice principalement dû à la générosité du duc de Medinaceli qui le reconstitua à ses frais à Séville le 1er mars 1793, sur le pied du règlement du 21 juin 1791, avec des recrues volontaires, quelques sergents et caporaux venus d'autres corps de l'armée, des officiers ayant, pour la plupart, acheté leurs emplois, et d'autres que le duc choisit et proposa au roi. Au mois de juin de la même année, il ıtra en participation de la grande masse. Le 1er bataillon augmenta son effectif suivant le règlement du septembre 1792, communiqué à l'inspecteur par rêté royal du 6 août 1793, et le second bataillon ıbit la même augmentation par ordonnance royale u 12 octobre; et quoique le 3e bataillon fût égaleıent compris dans cette ordonnance, il ne fut pas ugmenté parce qu'il ne se trouvait pas alors en ampagne.

Après la glorieuse bataille de Baylen (19 juillet 808), le second bataillon passa à Malaga pour ırder 3,000 prisonniers français de la division Beel, et au mois d'août on le transporta à Alendin où servit de base pour la création du régiment d'inıterie d'Ilibérie, dont nous donnerons, comme fils e Jaën, une histoire abrégée. Quant au premier ataillon, qui avait aussi conduit à Port-Sainte-Maie 6,000 prisonniers, il se dirigea vers Cordoue our se réunir au 3e bataillon qui venait de Ceuta; nfin, Jaën fut entièrement licencié à Cadix par rdre de la régence du royaume du 1er mai 1810, ans que, depuis, le gouvernement se souvînt de ses mmenses services, jusqu'à ce que l'ordonnance oyale du 5 décembre 1814 et le règlement du 2 nars 1815 le ressuscitassent pour la seconde fois, n l'organisant en trois bataillons. Pour la formaion du premier bataillon, on prit pour base le seond régiment de Jaën qui, ayant appartenu auparavant aux milices provinciales, devint régiment de ligne par le règlement du 1er juillet 1810 ; le second bataillon se créa avec le dépôt de Cadix, et des deux on tira le cadre nécessaire pour former le troisième. Une fois ce corps constitué, on lui donna le numéro 36 de l'infanterie de ligne. Plus tard, c'est-à-dire lors de la réforme décrétée le 1er juillet 1818, une partie du régiment d'Hibernie fut fondue dans son troisième bataillon.

De cette manière, Jaën continua à servir honorablement sans démériter de son antique et bien fondée réputation ; il occupait déjà le numéro 32 du tableau, lorsque le décret des Cortès, du 30 mars 1823, lui fit perdre ce nom glorieux sous lequel il avait cueilli tant de lauriers, et partagea toute l'infanterie en bataillons séparés : le premire prit le n° 63 et le second le n° 64, tous les deux de ligne : ces deux bataillons furent supprimés la même année quand on licencia l'armée constitutionnelle, mesure violente qui l'eût condamné à l'oubli pour la troisième fois, si un décret royal organique du 23 août 1847 ne l'eût fait renaître comme le Phénix de ses cendres, sur le pied de deux bataillons, et ne lui eût assigné le n° 41 du tableau général des régiments d'infanterie de ligne.

ISTE CHRONOLOGIQUE DE SES PRINCIPAUX CHEFS.

PREMIÈRE ÉPOQUE.

epuis sa création en 1637 *jusqu'à ce qu'il prenne un nom fixe en* 1715.

MESTRES DE CAMP.

Don José de Saavedra.
Don Juan de Velasco.
Don Alonso de Avila.
Don Gaspar de Bonifaz.
Don José Manriquez.
Marquis de Mortora.
Don Nuño Salido.
Comte de Grajal.
Don Francisco de Rocafull y Rocaverti.
Don Juan Diaz Pimienta.
Don Antonio del Valle.
Don Luis del Valle.

—

Le second bataillon formant un nouveau régiment.

epuis sa création jusqu'à sa refonte en 1715 *dans l'ancien régiment.*

MESTRE DE CAMP.

Don Jacinto Espinosa,

COLONELS.

Don José de Riera.
Don Tomás Escovar y Aldana.

Les deux régiments réunis en un seul.
Depuis sa réorganisation jusqu'à sa réforme en 1733.

COLONELS.

Don Alvaro Pantoja.
Don Antonio de Araujo.
Marquis de Villahermosa.
Don Fermin de Veraiz.
Don Francisco de Mora y Perea.
Don Alonso Lopez de Porres.

DEUXIÈME ÉPOQUE.

Depuis sa première restauration en 1793 *jusqu'à sa dissolution en* 1810.

COLONELS.

Don Luis Fernandez de Cordoba y Pimentel, duc de Medinaceli.
Don Fernando Hidalgo.
Don Cárlos Lujan.
Don Antonio de Moya.
Don José de Zayas

TROISIÈME ÉPOQUE.

Depuis son second rétablissement en 1815 jusqu'à sa réforme en 1823.

COLONELS.

Don Rafael de Hore.
Don Fermin Salcedo.

QUATRIÈME ÉPOQUE.

Depuis sa troisième formation en 1847.

Don Jaime Salamanca.
Don Pablo Vegas.

FASTES MILITAIRES.

1637.

Sous les ordres du Cardinal-Infant, il marche au secours de la place de Corvi ; il met le siége devant Maubeuge, dont les Français s'étaient emparés le 5 août, et qu'ils sont forcés d'abandonner. Dans cette retraite, Jaën les bat à l'escarmouche de Pont, et reprend les forts d'Emmerick et de Berlaimont.

1638.

Ce régiment, commandé par don José Ramirez de Saavedra, occupait au commencement de cette année le district militaire de l'Artois, sous les ordres du général comte de Issembourg, quand il fut appelé au camp volant de Ruminghen. Le maréchal de Chatillon se décida à mettre le siége devant Saint-Omer le 26 mai. Jaën, avec le prince Thomas de Savoie, faisait partie des 4,000 fantassins et 2,000 cavaliers, qui attaquèrent vigoureusement le 25 juin le fort de Back, que les Français avaient construit près du Moulin-Neuf, dans leur ligne de contrevallation ; il mit complétement en déroute une colonne qui venait renforcer la garnison de ce fort, et par suite de cette victoire, procura du secours à Saint-Omer, malgré le feu vif des batteries de la ligne. Le maréchal, furieux, donna l'ordre de redoubler les attaques; Jaën, avec le même prince, s'avança le 8 juillet sur Saint-Omer, et s'empara par assaut des forts de Niorlet et de Saint-Juste, en faisant éprouver à l'ennemi d'énormes pertes; la place secourue, il mit le siége devant Back, dont la garnison capitula le 12, de sorte que le maréchal se vit dans la dure nécessité de décamper et de laisser Saint-Omer libre.

1639.

Tandis que le Cardinal-Infant, avec le gros de l'armée austro-espagnole, attaquait le camp français du général La Meilleraie qui faisait le siége d'Hesdin, Jaën, qui combattait dans le corps du marquis de uentes, posté sur les rives de la rivière Aa, campa rs la fin de juin près du château de Saint-Nicolas, rce que les Français s'avançaient sur cette ligne. e combat du 4 août dura sept heures contre des rces très-supérieures, et ce vieux régiment s'y istingua glorieusement jusqu'à ce que, obligé de éder le camp, il se replia sur Saint-Venant, après voir perdu son sergent-major, don Luis Meneses et x capitaines.

1640.

Concentrés sur la Meuse sous les ordres du maréhal de Chatillon, les ennemis se disposèrent à l'atque d'Arras. Jaën partit pour se réunir au mois de in avec les autres forces espagnoles du Cardinalnfant dirigées sur cette place, et campa à Saint-loy, afin d'intercepter les convois et de provoquer ne bataillle : en effet, le 2 août, il se développa avec e reste de l'armée le long de la ligne de contreallation, et prit, sous la direction du duc de Loraine et par assaut, le fort de Ranzau, action sanglante à laquelle se distingua héroïquement et spécialement le porte-drapeau, don Geronimo de Benavente y Quignones, qui arbora le premier sa bannière sur le parapet de l'enceinte; mais le duc n'étant pas soutenu, n'eut qu'à se retirer et à ramener ses troupes à leurs quartiers, pendant que la place, privée de l'espoir d'être secourue, se rendit le 9 août.

1641

Le maréchal de la Meilleraie commença le 17 mai le siége d'Aire; le Cardinal-Infant réunit promptement ses troupes, parmi lesquelles se trouvait le régiment de Jaën, et vint observer le camp ennemi, dans le but de secourir la place; il demanda un officier valeureux et de confiance à ce corps (1) et lui remit une dépêche avec laquelle il traversa les postes ennemis et pénétra dans la ville. Malgré les efforts de la garnison et la brave défense que les Espagnols firent dans un des bastions, la place capitula le 26 juillet. Alors Jaën, avec toute l'armée aux ordres de S. A., passa la rivière Laquette; la Meilleraie le suivit avec la sienne, abandonnant ses tranchées avant de les avoir démolies, et l'infant, grâce à une ruse, revint rapidement vers ces tranchées, s'empara de tous les ouvrages et assiégea de nouveau Aire, qui fut reprise après un blocus de quatre mois.

1642.

La place de Lens est attaquée par le vieux régiment qui combattait dans le corps d'armée du général Mélo, et prise le second jour du siége; aussitôt après,

(1) Ce fut le même porte-drapeau *Benavente y Quignones* qui s'était si brillamment distingué à la prise du fort de Ranzau.

ce régiment passe au camp des assiégeants de La Bassée, et parvient de même à la reconquérir sur les Français. Les maréchaux d'Harcourt et dé Guiche réunissent 27,000 hommes et se dirigent sur Honnecourt. Notre armée s'avança hardiment contre le camp fortifié ; la bataille fut acharnée : Jaën assaillit avec une grande valeur les tranchées, y pénétra et contribua au gain d'une victoire complète. Destiné dès lors au corps volant du général don Andrea Cantelmo, composé de 5,000 hommes et 1,500 cavaliers, il envahit rapidement le pays de Boulogne, attaque et s'empare des forts de Saint-Louis, Hoyos, Bassardo et Royo, qui couvraient la place d'Ardres, que le général espagnol avait l'intention d'assiéger; mais l'armée française, commandée par le comte d'Harcourt, survint et l'obligea à se retirer. Une partie de ce régiment défendit un de ces forts qu'elle démantela et incendia avant de l'abandonner ; puis elle effectua sa retraite sous la protection d'une digue.

1643.

Il est destiné dès le commencement de la campagne à garnir le fort de Salsat. En ce temps, notre armée occupée avec le général Mélo à mettre le siége devant Rocroy, est battue par le duc d'Enghien le 19 mai. Thionville, assiégée par les vainqueurs, tombe le 10 août. Tous ces échecs obligent le général en chef à retirer de la ligne de défense du Brabant, le régiment de Jaën pour l'incorporer dans la division volante du baron de Beck ; avec cette division, il marche dans le Luxembourg pour secourir le duc de Lorraine et l'électeur de Bavière ; et ainsi renforcé, se place dans le Palatinat, entre Kreutznach et Binghen, parce que le duc d'Enghien voulait se réunir aux troupes weymariennes.

1644.

Don Gaspar de Bonifaz le commandait, quand, au commencement de juin, les Français mirent le siége devant Gravelines; il marcha sur Armentières pour se réunir à l'armée commandée par don Francisco Mélo, et après s'être établi à Bergues-Saint-Winock, résolut de secourir Gravelines. L'entreprise était difficile; il choisit le sergent-major de ce régiment avec 500 hommes d'élite, qui devaient être protégés par les troupes détachées sous les ordres du général don Bernabé de Vargas, et avec des bateaux préparés dans le fort de Hannin sur le rivage de Calais (pays de Bredonarde), la nuit du 4 juillet, il avança vers la place. Les postes ennemis découvrirent cette flottille, et il se livra un combat sanglant : un grand nombre de soldats, animés par leur sergent-major, firent une défense héroïque ; mais, après un long engagement, la lutte cessa, parce que, à l'exception d'un très-petit nombre qui parvinrent à entrer dans la place, les autres périrent avec gloire ou furent faits prisonniers dans la mêlée; le reste du régiment, avec le mestre de camp, défendit le haut et le bas de la colline. Enfin, la place s'étant rendue le 26 juin, Jaën marcha sur Lille, et une grande escarmouche eut lieu dans les faubourgs avec l'ennemi.

1646.

En 1645, Jaën ne fit pas de campagne, mais en 1646, réuni aux autres troupes, il marcha au secours de Courtrai, assiégée par les Français depuis le 13 juin; il attaqua les tranchées de la contrevallation et fut repoussé; il essaya de passer la Lys et éprouva le même sort, grâce aux troupes du général Rantzau, de sorte qu'il eut le triste spectacle de la reddition de cette ville. Réuni ensuite au corps mobile du général marquis de Caracena, il se mit en route pour assiéger Menin, et la marche des troupes fut si secrète, que le 16 août, cette ville fut surprise. Un des trois capitaines de ce régiment qui marchaient avec leurs compagnies à l'avant-garde, pénétra dans la place d'armes, força le corps de garde et, s'emparant des clefs de la porte, les présenta au marquis de Caracena, qui entra triomphant à la tête du reste des troupes. Jaën fut alors employé à prendre le fort de Lannue. Cette reprise importante assura Lille contre les incursions de la garnison d'Armentières. Durant l'hiver, Jaën reçut des recrues arrivées d'Espagne et s'occupa à les instruire.

1647.

Il entra en opérations avec le nouveau gouverneur général archiduc Léopold d'Autriche. La campagne commença par le siége d'Armentières, le 17 mai ; le 29, pendant la nuit, le chemin couvert fut attaqué et pris par le régiment de Jaën, que guidait son valeureux mestre de camp don Gaspar de Bonifaz, de manière que la place demanda à capituler le 30, et fut évacuée le 5 juin. Cette acquisition faite, il poursuivit avec l'archiduc sur Commines, et de là marcha à la recherche de l'armée française, commandée par le général Gassion et retranchée sous le canon de Béthune ; mais voyant que l'on ne désirait pas en venir aux mains, il mit le siége devant la place de Lens qui fut reprise en 24 heures ; puis, sans se donner de repos, marcha 14 lieues et parut subitement devant Landrecies, défendue par une faible garnison : le siége fut dirigé avec tant d'intelligence que l'ennemi ne put secourir cette place qui capitula le 16 juillet. Pendant ces événements, le général français Rantzau s'empara le 13 de Dixmude ; mais Jaën revint avec l'archiduc sur cette place et la reprit en peu de temps.

1648.

Cette campagne, qu'il continua sous les ordres de l'archiduc, fut glorieuse pour l'antique régiment le Jaën. Le 17 mars on se porta contre Courtrai, et le 19 mai, à une heure de la nuit, la place fut prise d'assaut et la citadelle assiégée ; l'ennemi fit une sortie générale, et, détruisant nos postes, parvint jusqu'à la place d'armes ; Jaën fut promptement sous les armes, sortit de son camp, attaqua la garnison, et, après avoir eu cinq officiers morts ou blessés, la chassa des tranchées en en faisant un grand massacre, sous les yeux de l'archiduc Léopold, du marquis de Fuensaldagna et de tout le quartier général. La citadelle fut prise d'assaut le 24 par ce vaillant corps. Après une acquisition aussi importante, il cantonna aux environs de Landrecies jusqu'au 22 juillet, puis, après quelques mouvements, sortit du camp de l'abbaye de Loo, pour le siége de Lens, dont les Français s'étaient emparés et qui se rendit le 19 août. Le lendemain, le prince de Condé se présenta à la tête de l'armée française et la bataille eut lieu ; Jaën forma division avec le régiment du marquis de Monroy, et commença son attaque contre l'infanterie de la Garde Royale française, avec laquelle il combattit à piques croisées : le mestre de camp, M. de Brietmond, fut fait prisonnier et les régiments des gardes mis en pièces. La ligne une fois rompue en cet endroit, Jaën et Monroy pénétrèrent sur la seconde, s'emparèrent d'une batterie bien posée, et, la dirigeant contre l'ennemi, le canonnèrent vivement. Pendant ce temps, Condé ranima ses troupes et, faisant un effort, rétablit ses lignes et força les nôtres à reculer : alors l'archiduc replia les siennes et Jaën se retira avec elles sur Douai.

1649.

L'avant-garde du corps d'armée qui venait de France sous la conduite du général marquis de Sfrondato, s'étant postée le 12 avril pour le siège d'Ypres, notre vieux régiment arriva le 20 à Saint-Floris avec celui du comte de Fuensaldagna, et tandis qu'une partie assiégeait le fort de Saint-Venant, Jaën atteignit le 21 le camp des assiégeants d'Ypres ; l'ennemi fit une sortie vigoureuse le 24, mais il fut obligé de reculer. Le 27, nos batteries ouvrirent le feu, et le général en chef comte de Saldagna disposa le 4 mai l'attaque générale contre les ouvrages extérieurs. Jaën marcha sur le chemin couvert, et, sans être arrêté par le feu épouvantable des Français, s'y logea et parvint à se couvrir par des travaux de sape. Nonobstant, les assiégés l'expulsèrent, dans la sortie du 5, de ce point qu'il recouvra le jour suivant ; enfin, la place menacée d'un assaut, battit la chamade le 8, et le 10 nos troupes l'occupèrent. En juin, les Français, commandés par le comte d'Harcourt, allèrent assiéger Cambrai le 24, et Jaën se dirigea avec notre armée sur Valenciennes, dont elle repartit le 26 avec le général Villanueva et 18 compagnies de cavalerie qui escortaient le renfort envoyé au gouverneur : ceci fait, toutes les troupes conduites par le comte de Saldagna vinrent, le 1er juillet, se poster entre Pallencourt et Turi et forcèrent l'ennemi à lever le siége le 3, jour où se termina cette heureuse campagne.

1650.

Le maréchal de Turenne, ayant quitté la France et s'étant réfugié sous la protection du général en chef de l'armée des Pays-Bas, comte de Fuensaldagna, ce dernier mit sous ses ordres un corps de 5,000 hommes portant le nom de *Liberté des princes*, et le reste des troupes avec lequel combattait Jaën resta sous la direction du comte. Les deux corps se réunirent à La Capelle, et, une fois le territoire français envahi, se postèrent sur les bords de la Somme; le 16 juin, Jaën mit le siége devant Guise, place qu'il ne put prendre à cause d'un grand ouragan qui survint; ayant donc levé ses tentes, il attaqua la place de La Capelle le 25 juillet, s'empara le 30 du chemin couvert sans que la garnison pût l'en déloger, et s'y maintint jusqu'au 2 août, jour de la reddition. A peine avait-il pris possession de cette place que le corps du vicomte de Turenne s'avança le 6 sur Marle, point où l'armée se concentra; Jaën passa la Serre, et, divisé en deux bataillons, s'empara le 13 des villes fortifiées de Marle et de Montcornet. S'étant acquitté de ce service à la satisfaction de ses chefs, ce régiment se réunit de nouveau en entier, renforça le corps de Turenne et assiégea Rethel, qu'il contraignit à se rendre le 17. Après quelques mouvements, il passa avec l'armée à Spinguet le 19 septembre. La division du général marquis de Molinghen occupa les postes pour le siége de Mouzon le 25 ; le vieux régiment arriva à ce camp avec le général don Juan de Monroy pour seconder les attaques qui commencèrent le 7 octobre : la place se rendit le 4 novembre. Après ces exploits, il se retira en Flandre, plein d'une gloire acquise, dans une brillante campagne.

1651.

Les Français ayant envahi la Flandre avec 30,000 hommes, l'archiduc réunit promptement les troupes sous le commandement du comte de Fuensaldagna : Jaën fut destiné au siége de Bergues-Saint-Winock, et désigné pour attaquer le chemin couvert qu'il occupa jusqu'à la capitulation de la place.

1652.

Par ordre de l'archiduc Léopold, Jaën prit, le 11 avril, position pour assiéger Gravelines : ceci fait et la place ayant été battue par le canon, elle demanda à capituler le 17 et se rendit le 19. Il alla ensuite rejoindre, le 25 août, le siège de Dunkerque et y servit jusqu'à la reddition le 16 septembre. Ces deux places prises, notre vieux régiment fit partie des troupes expéditionnaires contre la France, sous les ordres du comte de Fuensaldagna. Du Châtelet il marcha sur la place de Chony dans laquelle s'était enfermé le duc d'Elbeuf, gouverneur de Picardie, avec 1,000 cavaliers et autant de fantassins ; il traversa la rivière et le força, en deux jours de siège, à se rendre. Il couvrit les siéges des places de Sainte-Menehould, Bar-le-Duc et Ligny, mais sans négliger de démanteler différents forts qui empêchaient de communiquer avec Mouzon ; enfin il resta sur le territoire français depuis le 20 octobre jusqu'au 30 novembre, jour où il rentra en Flandre.

1653.

Fuensaldagna convoqua les troupes dans le camp de Kolo pour envahir de nouveau la France. Le 24 juin, Jaën était incorporé et marchait sur Guise ; il s'empara de Rue et assiégea le 5 septembre Rocroi qui capitula le 29 : pendant les travaux de la tranchée, le vieux régiment se distingua en défendant les postes des lignes. Après la prise de ces deux places, la campagne fut regardée comme finie et il rentra dans ses quartiers.

1654.

Le marquis de Fabert, gouverneur de Sedan, ayant réuni un grand nombre de troupes françaises, marche contre Stenay et l'assiége. Jaën est mandé par le comte de Saldagna qui, concentrant son armée avec les troupes du prince de Condé, se dirige pour attaquer Arras le 4 juillet, dans le but d'obliger l'ennemi à lever le siège de Stenay; mais, instruit que le maréchal de Turenne arrivait avec son armée, il fortifie le camp et charge notre vieux régiment de défendre un des postes de la ligne. Pendant ce temps, les maréchaux Hocquincourt et La Ferté viennent renforcer avec leurs troupes l'armée de Turenne, et le 25 août ils attaquent vigoureusement notre camp retranché : les Espagnols le défendent bravement; Jaën perd beaucoup de soldats et d'officiers ; la perte totale des troupes espagnoles et de celles de Condé monte à 4,000 hommes ; c'est pourquoi les généraux lèvent le siége et cantonnent leurs troupes.

1655.

La guerre fut peu avantageuse pour les nôtres. L'archiduc fit venir le régiment de Jaën ; mais malgré la réunion de ses troupes, et malgré divers mouvements combinés avec ceux du prince de Condé, il ne put éviter la perte des places de Landrecies, Condé, Saint-Ghislain et Châtelet, qui se rendirent la première le 13 juillet et les trois autres les 18, 25 et 29 août. Sur ces entrefaites, Jaën détacha une partie de son effectif pour secourir Bujar, et réussit à pénétrer entre les troupes ennemies.

1656.

Les Français ayant assiégé Valenciennes, Jaën dirigea sa marche sur la ligne de l'Escaut, et, après la réunion de l'armée sous les ordres de don Juan d'Autriche, attaqua avec la première colonne, le 15 juillet, le camp assiégeant et battit les troupes françaises. Il s'ensuivit une victoire complète après laquelle il mit, le 22, le siége devant Condé qu'il força à se rendre le 15 août.

1657.

La campagne de cette année fut purement défensive depuis le camp de Gravelines. Avec le même don Juan d'Autriche, il essaya de délivrer Montmédy assiégée par les Français et de surprendre la place de Calais le 2 juin, mais il rencontra une garnison sur ses gardes. Après la reddition de Montmédy, le maréchal de Turenne mit le 16 août le siége devant Saint-Venant; Jaën avec toute l'armée attaqua Ardres, mais il lui fallut lever bien promptement son camp menacé par l'ennemi devenu déjà libre par la prise de Saint-Venant.

1658.

Le vieux régiment, que commandait encore don Gaspar de Bonifaz, entreprit avec l'armée, le

10 mai, un mouvement sur Furnes pour délivrer Dunkerque assiégée par les Franco-Anglais : le 14, l'ennemi avança sur notre ligne en forces triples ; Jaën occupa une des dunes les plus élevées et se vit entouré par 4,000 Anglais : « les Espagnols, rapporte la relation manuscrite de la bataille, donnèrent et reçurent la charge avec valeur ; mais voyant la brèche faite par les ennemis dans leur corps, voyant qu'on leur avait enlevé vivants, dans la première attaque, leurs six capitaines et qu'on les chargeait avec une grande vigueur, ils abandonnèrent le poste. » Jaën se reforma ensuite sur une autre dune de seconde ligne, mais il ne put s'y maintenir que peu de temps : écrasé par un nombre supérieur, et notre cavalerie ayant été mise en déroute par la cavalerie lorraine, il se retira presque anéanti. Pendant ce combat, le porte-drapeau, don Juan Alvarez, sauva le marquis de Caracena, en abattant d'un seul coup un officier français qui allait lui décharger son pistolet à bout portant. Après la reddition de Dunkerque, le 26 août, et le ravitaillement des places menacées, il revint hiverner.

1659.

Au mois d'octobre, Jaën passa à Termonde, sous les ordres du général don Francisco Sanchez Pardo, pour soutenir l'autorité du gouverneur général contre la population ameutée d'Anvers, qui résistait à l'observation des édits sur les courriers publics ; il entra dans cette ville pour y protéger l'ordre, et ce fut là que fut proclamée la paix signée le 10 décembre.

1672.

Les Anglais ayant résolu d'envahir la Zélande, le gouverneur général comte de Monterrey envoya ce corps renforcer la place de Maëstricht au mois de juillet.

1673.

Jaën continua cette année à servir sur les points les plus avancés par rapport à l'ennemi ; mais après l'invasion de la Flandre et le danger que courut par suite Bruxelles, quoique d'un effectif très-faible, il contribua, sous les ordres de son mestre de camp marquis de Mortara, aux opérations qui produisirent du reste un faible résultat, parce que Louis XIV, après avoir obtenu son but de distraire les forces espagnoles, depuis le camp de Maëstricht, s'empressa de mettre le siége devant cette place que défendaient les Hollandais.

1674.

Après l'exécution de divers plans pour donner une meilleure issue à cette campagne, Jaën vint, par ordre du comte de Monterrey, se réunir aux Hollandais et aux Autrichiens pour attaquer l'armée française. La bataille eut lieu à Senef, endroit situé aux environs de la rivière Réton, le 11 août, avec un acharnement si grand, qu'elle dura douze heures et cessa à la onzième de la nuit, sans que la victoire fût décidée pour les uns ou pour les autres. Jaën se retira alors en Flandre avec les autres troupes.

1675.

Dès que le printemps fut arrivé, notre infanterie se disposa à entrer en campagne, et en effet elle vint rejoindre le camp du Rosendaël, dans lequel se trouvait le duc de Villahermosa, gouverneur général. A cette époque les Français approchèrent des rives de la Meuse; un corps d'armée attaqua la place de Dinant le 22 mai et un autre celle de Limbourg le 16 juin; notre armée s'avança vers Malines, point où elle joignit les Hollandais, et, se dirigeant vers Ruremonde, elle traversa la Meuse; mais le prince d'Orange, apprenant que Limbourg s'était rendue le 21, repassa le fleuve, et les Espagnols regagnèrent leurs quartiers.

1676.

Louis XIV avait renforcé ses armées de la Belgique; il investit la place de Condé, et fit craindre au duc de Villahermosa et au prince d'Orange pour Valenciennes et Bouchain. Jaën gagna Mons. Condé capitula le 1er avril sans qu'on pût la secourir ; Bouchain fut assiégée le 2 mai, et Villahermosa, à la tête du vieux régiment et du reste des troupes espagnoles et hollandaises, marcha à son secours. Louis fortifia son camp et présenta, le 9, la bataille aux environs de Valenciennes ; mais les nôtres n'osèrent combattre et se retirèrent. Orange passa au siége de Maëstricht le 8 juillet, et Villahermosa couvrit l'attaque avec les Espagnols ; sur ces entrefaites les Français assiégèrent la place d'Aire en Artois le 31 ; Villahermosa abandonna les tranchées de Maëstricht et vola, avec nos régiments, à son secours depuis Nivelle ; mais il était trop tard parce qu'elle s'était rendue. Il retourna donc au siége de Maëstricht qu'il fut également obligé d'abandonner le 27 août.

1677.

La campagne de 1677 fut funeste pour le vieux régiment. Louis assiégea, le 28 février, Valenciennes qui se rendit le 17 mars ; il se porta sur Cambrai le 22 et la conquit le 6 avril. Le prince d'Orange accourut à Ypres, réunit les Hollandais et s'avança sur Cassel le 10 ; mais le jour suivant ses troupes furent complétement battues. Pendant ce temps Villahermosa essayait avec les Espagnols de neutraliser les progrès du siége de Saint-Omer, investie depuis le 4 ; mais après une brillante défense, la place capitula le 22. Le duc, après une marche pour s'unir aux Hollandais au camp d'Alost et de Termonde, se mit en mouvement le 4 août avec le prince d'Orange et canonna, le 6, la place de Charleroi. Les Français réunirent promptement leurs forces et obligèrent les nôtres à lever leurs tentes le 14. C'est ainsi que Jaën termina une campagne assez ingrate pour les armes espagnoles, et après laquelle il fut inspecté. De l'état général de l'inspection des troupes du 27 août, il résulte qu'il était composé à cette date de 18 compagnies, de 186 officiers formant l'état-major et de 571 soldats dont la dépense montait à 10,400 florins.

1678.

A peine le traité d'alliance du 16 janvier entre l'Espagne, la Hollande et l'Angleterre fut-il signé à La Haye, que le duc de Villahermosa, à la tête de très-peu de troupes, se vit assailli à l'improviste par les Français; Jaën, ainsi que les autres troupes, n'avait qu'un faible effectif, parce que les remplaçants destinés à couvrir les pertes n'étaient pas arrivés de Gallicie. Pendant que le duc ne pouvait ainsi rien entreprendre, les places de Gand et d'Ypres furent attaquées les 14 et 15 mars: la première capitula le 9 et la seconde le 25. Après ces échecs, Jaën, conduit par le duc, se réunit aux Hollandais et occupa le temps par des mouvements insignifiants, jusqu'à ce qu'il tombât sur l'armée française campée à Saint-Denis, aux environs de Mons, sans pouvoir la surprendre : l'action commença le 14 avec une grande furie et dura jusqu'à la nuit, sans qu'aucun des partis pût se dire vainqueur : la paix de Nimègue vint heureusement nous tirer de cette fausse position.

1689.

Aussitôt la rupture de la trêve de Ratisbonne par la ligue d'Ausbourg, Jaën et les autres troupes se disposèrent à recommencer les hostilités contre les Français. Le prince de Vaudemont fut nommé général en chef de l'armée : il la concentra à Arche et se dirigea sur les rives du Dimper pour garder la frontière de Flandre.

1690.

L'armée française, commandée par le maréchal de Luxembourg, passa la Sambre à la fin de juin et campa à Fleurus. Jaën, avec les troupes espagnoles, se joignit à Deinse aux Hollandais commandés par le prince Waldeck, et vint à la rencontre des Français. Notre ligne de bataille fut fixée dans la nuit du 30 : la droite appuyée à Heppine et la gauche en avant de Saint-Amant. Le 1er juillet, de onze heures du matin à six heures du soir, Jaën se maintint à son poste par des prodiges de valeur, jusqu'à ce que la ligne ayant été rompue par la cavalerie et le dernier noyau d'infanterie détruit, il se retirât sur Bruxelles. Telle fut la fin de la fameuse bataille, appelée bataille de *Flores* par nos vétérans du Nord.

1691.

Le roi Louis porta son armée des Pays-Bas à 100,000 hommes et mit le siége devant la place de Mons, qui fut bloquée le 15 mars. Jaën et l'armée espagnole furent incorporés avec les Hollandais, et le prince d'Orange, à la tête de 80,000 combattants, marcha au secours de cette place et établit son camp à Halle, d'où il avertit, le 7 avril, le gouverneur prince de Berghes qu'il venait à son secours. Nos troupes ne purent rompre la ligne de contrevallation, et la garnison, exténuée par une défense glorieuse, capitula le 8. Jaën reçut l'ordre de renforcer la place de Namur.

1692.

Le roi marcha contre Namur et arriva devant ses murailles le 26 mai. La brèche fut bientôt faite, et il ne restait plus au prince de Brabant que peu de ressources pour sa défense s'il n'était promptement secouru. Le prince d'Orange, à la tête des Hollando-

Espagnols, s'avança sur Louvain et se plaça sur la Dyle, appuyant ses ailes entre Capel et Terbanch, mais ils ne purent percer les tranchées de l'ennemi : aussi Namur, sans espoir d'être secourue, capitula le 4 juin, et Jaën se renferma dans le château dont il prolongea la conservation jusqu'au 30 ; après une rigoureuse défense, dans laquelle succomba glorieusement son mestre de camp, don Francisco Rocafull, il sortit libre avec armes et bagages pour s'incorporer dans l'armée. Celle-ci, sous les ordres du prince de Waldeck, abandonna Halle, et, le 2 août, s'avança sur Steinkerque. Jaën défendit le poste de Bombachar, jusqu'à ce que les deux partis fatigués se retirassent sans livrer d'action décisive.

1693.

Entré en campagne sous les ordres du prince d'Orange, le vieux régiment assista à une série de mouvements contre l'armée française du maréchal de Villeroi, qui assiégea Huy au milieu de juillet. Il campa sur la rive de la Gecte, appuyant sa droite à Emat et sa gauche à la lagune de Lewen ; le 29, les Français forcèrent la ligne des alliés du côté de Landen, point sur lequel se trouvait Jaën, et l'action devenant générale, s'engagea d'une manière plus tenace du côté de Nerwinde ; enfin, après avoir combattu tout le jour, Orange effectua tranquillement sa retraite sur Lewen et Betlem, puis sur

Diest. Jaën reçut l'ordre de renforcer la garnison de Charleroi, et contribua à défendre cette place pendant le siége qu'elle subit du 12 septembre au 10 novembre, jour où la rendit son gouverneur, marquis de Castillo, qui sortit avec tous les honneurs de la guerre. On réforma cette année quelques régiments d'infanterie dont les débris servirent à combler les pertes de celui de Jaën.

1694.

Jaën marcha au camp d'assemblée de Betlem, point de réunion des troupes hollando-espagnoles, et, sous le commandement du prince d'Orange, on se retrancha dans la prolongation du front de Merbaix. L'intention de ce chef était d'attaquer les positions des ennemis, de s'emparer du pont de Spières, et de les attendre sur l'Escaut pour assiéger Dunkerque ; mais sachant que le Dauphin et le maréchal de Luxembourg s'avançaient résolus à livrer bataille, il rétrograda sur son camp retranché. Le 24 juillet, les Français assaillirent notre ligne du côté de Merbaix, point où se trouvait notre vieux régiment qui, après une bonne défense, céda le terrain par ordre supérieur : le reste de la campagne se réduisit, de part et d'autre, à des mouvements stratégiques pour éluder un combat. Tandis que le *vieux* Jaën combattait dans le Nord, le *nouveau*, qui venait d'être créé dans cette capitale et qui devint postérieurement son second bataillon, entreprit une marche de la haute Andalousie à Sarragosse; il reçut son armement et alla renforcer l'armée de Catalogne, grandement réduite par les revers éprouvés. Il se retrancha sur les rives du Ter avec le duc de Escalona, et, le 27 mai, assista à la malheureuse bataille de ce nom, dans laquelle il perdit beaucoup de monde et ne put se sauver que parce que notre cavalerie couvrit sa retraite.

1695.

Quand les maréchaux français se retranchèrent dans les Pays-Bas en prolongeant leur ligne entre la Lys et l'Escaut, le vieux Jaën se mit en mouvement avec les alliés, et le 18 janvier livra un combat sanglant à Boussu; il assiégea ensuite Namur le 3 juillet, et la força à se rendre le 4 août. Aussitôt après, il commença le siége du château; et il s'utilisait déjà au service des tranchées, quand il reçut l'ordre de décamper; alors, avec une partie des troupes qui faisaient le siége, il s'avança pour le couvrir, bivouaquant sur une des hauteurs adjacentes à la place. Néanmoins, Villeroi bombarda du 13 au 15 août, puis se retira. Jaën, après la reddition du château de Namur, le 2 septembre, se replia sur sa ligne retranchée après une brillante campagne. Moins heureux, le *nouveau* régiment entreprit la campagne en Catalogne avec le général marquis de Gastagnaga : il bloqua Palamos le 25 août; mais, forcé par le maréchal de Vendôme, il dut lever son camp en tout hâte.

1696.

Les opérations de cette année dans les Pays-Ba furent insignifiantes, parce qu'elles se réduisirent des marches et contre-marches exécutées pou amener la paix que les puissances belligérantes com mençaient à avoir l'intention de faire; mais la guerr de Catalogne était dans toute sa vigueur. Toujour actif, le duc de Vendôme menaça l'armée espagnol affaiblie; il passa le Ter le 30 mai, et le prince d Darmstadt se retira sur Hostalrich. On en vint au mains le 1er juin; l'action fut disputée; les deu armées se battirent vaillamment, jusqu'à ce que notr droite ayant été enveloppée, le prince céda le terrain et se retira. Après quelques mouvements e actions partielles, les nôtres prirent leurs quartier le 22 septembre.

1697.

La paix de Riswick une fois signée, le *vieux* Jaën retourna à son antique garnison, et le nouveau se cantonna en Catalogne.

1699.

Pendant que le vieux régiment se reposait de ses

longues campagnes en Flandre, le nouveau passa de la principauté de Catalogne dans la capitale qui porte son nom, ayant pour mestre de camp, don José de Riera; et là, abandonné et privé de secours, il éprouva une perte considérable.

1702.

La mort de Charles II et le changement de dynastie dans la personne de Philippe de Bourbon, n'altérèrent pas la fidélité du vieux régiment, qui, réuni le 3 mai à l'armée du duc de Bourgogne à Xanten, marcha sur Nimègue et battit, le 10 juin, la cavalerie ennemie; après avoir menacé cette place, il revint sur Clèves, et le 1er juillet se transporta au camp de Genappe, entre les rivières Meuse et Niers, pour occuper l'ennemi. Il assista à la canonnade du camp de Peer le 23, entre Domel et Beringhen, durant laquelle il combattit vigoureusement dans les différentes escarmouches qui arrivèrent. Enfin, détaché avec d'autres troupes, il termina la campagne par le bombardement de Deger.

1703.

Depuis le 3 mai, les alliés étaient occupés au siége de Bonne sur le Rhin; Jaën, qui servait dans le corps mobile du général Tzerclas Tilly, sortit de la ligne de défense d'Anvers, se lança précipitamment le

30 juin sur le général Opdam, le battit complétement à Eckeren, poursuivit ses débris dans la direction de Bréda, et délogea les Hollandais et les Anglais de la ligne de Lifkensund : notre vieux régiment montra dans ce sanglant combat une valeur téméraire, et se vit contraint à chaque pas de forcer des digues et autres obstacles.

Le *nouveau* se réorganisa pendant ce temps dans sa province par ordre du gouvernement, dans l'hypothèse que le moment était imminent où l'on continuerait la guerre de la succession en Espagne.

1704.

Dans cette campagne, le vieux régiment se borna exclusivement à garder et à défendre la ligne du Brabant ; mais le *nouveau* reçut l'ordre de se rendre en Estramadure, et à son arrivée dans ce district, le capitaine général lui confia la garde et la défense de la place de Valence de Alcantara.

1705.

Le vieux régiment sortit des lignes du Brabant le 28 mai, sous le commandement du maréchal de Villeroi, et mit le siége devant Huy, petite place dans le pays de Liége sur la Meuse, entourée des forts Picard, Joseph, Trogne et Rouge ; il investit ce dernier la nuit du 30 au 31, et, après l'avoir battu avec 30 pièces, le prit d'assaut la nuit du 4 juin, après trois heures et demie de combat; Huy capitula le jour suivant. Après cet exploit, il regagna le camp retranché du Brabant. qui, appuyé sur la Meuse, contournant Namur et traversant le Mehaigne à Vaisège, venait mourir sur la rivière Gecte. Jaën occupait le poste de Jandrin, et ce fut par là que s'avança le général Marlborough pendant la nuit du 18 au 19 juillet; les tranchées furent enlevées, et Jaën se retira sur Louvain, occupant la ligne établie entre Neerische, Betlem et Corbec, d'où on le dirigea au secours de Bruges, menacée par le général hollandais Spaar.

1706.

Le vieux Jaën se réunit avec les autres troupes franco-espagnoles, le 10 mai, sous la direction du duc de Bavière et du maréchal de Villeroi; l'armée fut concentrée autour de Louvain, passa la Dyle et campa entre Tirlemont et Jodoigne; le général Marlborough, à la tête des alliés, profita de la circonstance que les autres avaient abandonné la ligne de défense, marcha sur Ramillies le 23, et, en cet endroit, vint à la rencontre du duc de Bavière, en appuyant sa gauche à Autreglise, couverte par le petit Ghete, son centre en arrière de Ramillies et d'Offux, et sa droite à Ortemont. Le 24, les deux armées s'avancèrent ; il se livra une bataille sanglante dans laquelle on combattit des deux côtés avec fureur ; Jaën se maintint valeureusement au poste qui lui avait été assigné ; mais vers deux heures et demie, le nombre supérieur de l'ennemi l'emporta, et notre régiment se vit contraint de céder le terrain et de se retirer à Termonde, laquelle place, située sur les rives de l'Escaut, fut assiégée le 31 juillet, et canonnée dès le 4 septembre. Après la capitulation, qui eut lieu le 5, Jaën évacua l'enceinte avec le marquis del Valle, son colonel. Pendant ces événements, le *nouveau* Jaën combattait dans l'armée d'Estramadure, sous le commandement du général marquis de Bay, quand on l'envoya en expédition sous la conduite de ses lieutenant-colonel et sergent-major, don José Baguer et don Marcos Santos, qui prirent par assaut, le 5 janvier, Rosmarinhos, et s'emparèrent du drapeau qui flottait sur ses murs. Après quelque temps, on le désigna pour une autre expédition sous les ordres du maréchal de camp don José d'Armendariz : ce chef intelligent se mit en marche dans la nuit du 14 au 15 décembre, et, au point du jour, s'empara par surprise de la place d'Alcantara, où il laissa garnison : action brillante qui valut aux officiers et soldats de ce corps, une haute paye mensuelle.

1707.

La campagne de 1707 dans les Pays-Bas se borna

à des mouvements. Marlborough essaya de déloger l'armée franco-espagnole du camp retranché de Pieton aux environs de Charleroi ; mais notre position inaccessible le rebuta, et craignant que les places de Louvain et de Malines ne fussent attaquées, il retourna à grands pas sur Bruxelles, et passa la Dyle à Louvain. Les nôtres s'avancèrent sur Gembloux, où ils restèrent tout le mois de juillet et une partie du mois d'août, jusqu'à ce qu'ils se retirassent, le 10 de ce dernier mois, suivis par l'ennemi. Le duc de Bavière et le maréchal de Vendôme, qui commandaient l'armée espagnole, se portèrent dans la plaine de Tournai à Antoing, ayant l'Escaut à dos et leur front couvert par d'autres rivières et bois. Marlborough passa la Dendre à Ath et l'Escaut à Oudenarde, se dirigeant sur Courtrai ; alors les nôtres quittèrent leur camp de Tournai et l'approchèrent de Lille, se plaçant entre la Lys et la Margne. Comme ce camp était très-fort, les alliés n'osèrent l'attaquer et la campagne se termina.

Au commencement de 1707, le *nouveau* Jaën vit son nom confirmé par ordonnance du 28 février, et de l'armée d'Estramadure fut envoyé à celle de la Nouvelle-Castille, où il fut placé dans la brigade de Guadalajara, commandée par le brigadier don José de Claves ; posté à la droite de la seconde ligne, il concourut à la glorieuse bataille d'Almansa, gagnée le 25 avril, triomphe signalé, en mémoire duquel le roi prescrivit d'élever une pyramide sur l'emplacement où avait été obtenue la victoire. Cette journée eut pour résultat la conquête du royaume de Valence.

1708.

L'armée des deux Couronnes, dans les Pays-Bas, était commandée par le duc de Bourgogne; le vieux régiment marcha sous ses ordres vers l'Escaut pour recevoir les alliés qui venaient sur le même fleuve; il prit position le 11 juillet aux alentours de la place d'Oudenarde, et combattit énergiquement dans la bataille de ce nom; mais la division qui régnait entre les généraux français, donna l'avantage aux Anglo-Hollandais, et nos troupes furent complétement battues. Le vieux régiment se retira sur Gand et se fortifia à proximité; ce fut à partir de cette ligne que le duc renforça les places du littoral, telles que Ypres, Dixmude et Furnes, s'appuyant au mois d'août du fort Rojo, élevé dans Sas de Gand, et du fort Alberto, près d'Ostende.

Jaën passa ensuite sur le Rhin, força, le 28 juillet, la ligne de l'ennemi qui couvrait la Flandre hollandaise, défendue par le général Fagel, et jeta un détachement dans l'île de Kadsand.

Les alliés mirent le siége devant Lille; l'armée reçut l'ordre de se réunir, quitta la ligne de Gand et entreprit un mouvement pour secourir la garnison. Entrée en Brabant, elle passa à Ninove, traversa l'Escaut le 1er septembre et pénétra dans la plaine de Lille; elle franchit le 10 la rivière Margne et s'étendit sur cette rivière entre Enevellin et le ruisseau de Falempin, faisant front au camp retranché qui couvrait le siége de Lille. Les actions partielles des 10 et 15 du même mois, auxquelles se trouva mêlé le régiment de Jaën, furent diverses, particulièrement le choc ou combat que les Espagnols appellent de Marlana. Mais le duc de Bourgogne voyant qu'il perdait du temps inutilement, mut ses troupes le long de l'Escaut pour intercepter les vivres venant de Bruxelles. En ce moment, l'escadre anglaise menaçait d'un débarquement et attaquait Bruges et Plassendal; Jaën partit avec le comte de la Motte pour secourir la première de ces villes.

Le 21 au soir, le duc de Marlborough détacha 16,000 hommes sur Leffinghen et commanda de fortifier le bois de Winendale. Jaën, avec le général La Motte et ses troupes, vint rapidement sur ce point; il établit une batterie de 10 pièces pour canonner l'ennemi; celui-ci se retira et Jaën s'élança sur les retranchements : le feu était épouvantable et l'obligea à reculer; il parvint, dans une seconde charge, à rompre les Hollandais, mais de nouveaux renforts le firent reculer encore; la nuit mit fin au combat et Jaën se retira sur Gand. Dans cette action, son colonel, don Alvaro Pantoja, fut blessé. Le maréchal de Vendôme voulant couper la communication avec Ostende, fit attaquer le 19 octobre par le vieux régiment de Jaën et d'autres troupes, sous la direction du comte de La Motte', le pont de Leffinghen, ce qui fut exécuté avec une vaillance admirable. Les grenadiers de Jaën, guidés par le capitaine don Gonzalo Maneyro, prirent d'assaut le réduit situé dans le cimetière ; néanmoins Lille succomba et capitula le 23.

Le vieux Jaën, réuni avec le corps de l'Électeur de Bavière, vint assiéger Bruxelles le 26 novembre : on allait donner le second assaut quand on reçut avis que l'armée alliée accourait au secours de cette place : l'Électeur commanda de plier les tentes et se retira sur Mons. Le *nouveau* Jaën n'éprouva aucune perte en 1708, année pendant laquelle il continua à pacifier le district de Valence.

1710.

Philippe V se trouvait en Catalogne avec son armée, cherchant à en chasser l'archiduc Charles d'Autriche, quand, à la fin de mai, le régiment de Jaën arriva venant des Pays-Bas et fut réuni, sans qu'il eût le temps de prendre du repos, à la colonne du lieutenant-général don Juan Antonio de Amezaga. Il se dirigea avec elle sur le village fortifié de Estadilla, situé entre la Cinca et la Sègre : l'artillerie se posta à quatorze pas, et le 2 juin, sans qu'il y eût d'autre brèche qu'une ouverture par où pouvaient passer quatre hommes de front, ce corps donna l'assaut et s'empara de l'enceinte : la garnison s'enferma dans le château ; le général lui signifia de se rendre, et elle le fit à discrétion le 4. Il assista à toutes les opérations de la ligne de la Sègre et de la Noguera, jusqu'à ce que les troupes bourbonniennes abandonnassent la Catalogne ; puis il occupa Monzon et défendit, dans les premiers jours d'août, le passage du pont aux Autrichiens tout le temps nécessaire. Il effectua ensuite sa retraite sur Sarragosse et dans le camp de la Muerte, combattit avec acharnement dans la funeste bataille perdue le 20, puis se retira à Siguenza.

De nouvelles recrues venues de différentes provinces réparèrent ses forces épuisées, et après avoir été inspecté en Estramadure, il s'avança vers la Castille pour effacer la tache de l'Aragon : il prit d'assaut Brihuega le 9 décembre, surmontant une multitude d'obstacles, au milieu d'un feu horrible, gagnant le terrain pied à pied, rue par rue et maison par maison, et soumit enfin la division anglaise du général Stanhop qui défendait les derniers retranchements. Le 10 au matin, il arriva au camp de Villaviciosa et triompha glorieusement dans la bataille de ce nom. Sa poursuite de l'ennemi battu fut irrésistible, parce qu'il ne se donna aucun repos et ne le perdit pas de vue jusqu'à ce qu'il eût traversé l'Èbre. Pendant cette campagne, le nouveau Jaen resta sur la frontière de Portugal dans l'Estramadure.

1711.

Cette année, au retour des hostilités, le vieux Jaën fut envoyé dans la montagne de l'Aragon, il défendit Barbastro et combattit énergiquement les Miquelets à Verdu : il parcourut la Rivagorza au mois de février, expulsa les compagnies de Graus et Benavarre, descendit les rives de l'Èbre, soumit à discrétion la garnison du château de Miravète, et occupa, avec le général marquis de Valdecagnas, la Conca de Tremp. Pendant ce temps, le nouveau régiment resta en Estramadure.

1712.

La campagne de Catalogne fut insignifiante parce qu'on supposait que les alliés traitaient de l'évacuation de la principauté. Le vieux Jaën s'occupa de purger la montagne de séditieux et d'assurer le passage des convois.

1713.

On bloqua Barcelone : notre vieux Jaën continua de poursuivre les séditieux; incorporé dans la colonne volante du général don José Armendariz, il les pourchassa vivement dans toutes les directions, et au commencement d'août les battit à Manresa : il se précipita dans cette ville qu'il trouva presque déserte, tant était grande la terreur : il rasa ses murs et pilla les maisons des habitants les plus compromis pour la cause de l'Archiduc : après la signature de l'armistice, le nouveau Jaën prit garnison à Badajoz, et par ordre royal du 17 août vint servir dans le district de Valence, où vint aussi de Catalogne le 1er bataillon du vieux.

1714.

Il ne restait plus à la principauté pour la défendre que ses propres habitants, car toutes les troupes de la coalition s'étaient retirées. Un soulèvement général, fruit du désespoir, occasionna une autre guerre plus sanglante et plus terrible ; une multitude de partisans, dirigés par des chefs vaillants, pullulèrent dans les montagnes et dans les plaines ; le vieux Jaën s'empara du château de Biosca : peu après, conduit par le maréchal de camp don Gabriel Cano, il sortit du camp de Barcelone et marcha sur la tour de San Pol où s'étaient enfermés 200 Catalans : quatre pièces la canonnèrent les 12 et 13 février, et elle se rendit à discrétion. Il marcha ensuite le 1er mars au secours de la garnison de Berga ; mais inquiété par les nouvelles hostilités d'un grand nombre de volontaires, le brigadier Gonzalez livra aux flammes le village de Monistrol, les poursuivit sans relâche et les refoula dans les montagnes. Enfin, il revint au camp assiégeant et termina la guerre de la succession par la prise de Barcelone le 11 septembre.

1715.

Les régiments vieux et jeune furent passés en revue par les inspecteurs des deux districts de Catalogne et de Valence après le décret de réforme du 20 avril, et réunis à Carthagène, ils formèrent, le 15 mai, un seul corps qu'on embarqua pour garnir les places de Melilla et Pegnon de Velez de la Gomera.

1717.

Jaën resta dans ce service vingt-cinq mois, jusqu'à ce qu'en juin 1717 il se rembarqua pour la Péninsule.

1718.

Il fut employé dans le district de Navarre.

1719.

Il fit toute la campagne contre la France, mais cette campagne fut si malheureuse qu'elle ne produisit que la perte des places de Fontarabie et de

Saint-Sébastien. Ses services se bornèrent à camper aux environs de Pampelune et à être témoin de ces funestes événements : la paix faite, il resta au nombre des troupes de la garnison.

1732.

Après avoir été employé, durant ce laps de temps, dans diverses garnisons, il reçut l'ordre de faire partie de l'expédition navale pour reconquérir la place d'Oran (1) : dans ce but il dirigea ses pas vers le port d'Alicante où il mit à la voile le 15 juin. Les Maures, stupéfaits d'une invasion si brusque, firent peu de résistance et abandonnèrent la place dans l'enceinte de laquelle entra Jaën.

1733.

On rappela les forces inutiles pour la conservation de cette partie du littoral de l'Afrique : Jaën changea sa destination d'Alicante pour celle de Pampelune où se trouvait le régiment de la Couronne, et vint y déposer ses drapeaux illustrés par

(1) M. le colonel *De Sandoval* a publié un intéressant travail, intitulé : *Principaux succès des Espagnols dans la partie de l'Afrique française qui correspond aujourd'hui à la province d'Oran*. Voyez la *Revista militar*, numéros des 25 octobre et 25 décembre 1847. (*Note du Traducteur.*)

mille combats, après avoir lutté onze ans contre une sentence prolongée de mort : ainsi fut rayé de la liste de l'infanterie espagnole le *régiment VII*ᵉ*, gemeau, heureux, maître de l'école de Flandre* (1).

1793.

A peine ce régiment fut-il sorti du bûcher funéraire le 1er mars, que son troisième bataillon passa en Estramadure pour s'occuper des partisans isolés, et arrêter les individus condamnés à passer par les armes, par le tribunal d'appel de Caceres, tandis que les deux premiers bataillons restèrent à Séville.

---

(1) La célèbre légion ibérique au service de l'empire romain, intitulée : VIIᵉ *gemina*, *pia*, *felix*, dont les aigles étaient ornées de trophées et de victoires, fut destinée à peupler la cité de Léon et son territoire peu après la paix d'Auguste ; Jaën repeupla l'effectif affaibli du régiment de la *Couronne*. Après ce corps et les vieux corps de la Reine, Africa, Zamora et Soria, il était le VIIᵉ de l'infanterie nationale : On le disait *gemeau* à cause de l'antre régiment de Jaën ; *heureux* pour avoir appartenu à l'armée de Pays-Bas qui portait le titre de *très-heureuse*, et à cause du grand nombre de combats gagnés par le sang de ses soldats ; et enfin *maître de l'École de Flandre*, parce qu'il faisait partie de la division espagnole du Nord dont la réputation était telle, qu'aucun soldat ne passait pour habile s'il n'avait appris dans ces anciens régiments l'art de faire la guerre. (*Note de l'Auteur.*)

1794.

Le premier bataillon reçut l'ordre de se transporter à l'armée du Roussillon, destinée à faire la guerre à la République : il passa les Pyrénées orientales et entra comme garnison dans la place de Collioure, conquise sur les Français par nos armes le 21 décembre de l'année précédente. Les républicains l'assiégèrent le 4 mai, et Jaën la défendit jusqu'à sa capitulation le 27 du même mois, jour où il s'embarqua pour Malaga, conformément aux stipulations de la reddition.

Le second bataillon dirigea sa marche sur l'armée de Navarre, dans laquelle il entra le 9 juillet, sous les ordres du duc d'Osuna : il couvrit le poste de Villanueva, Orion et les fabriques d'Orbaiceta et Euguy. Ces points sont attaqués le 15 août par 14,000 Français ; Jaën se soutient dans tous avec une grande valeur jusqu'à ce que le duc sonne la retraite et abandonne les vallées d'Aezcoa et de Roncevaux pour celle de Rondal.

Les Français quittent la Navarre au mois d'octobre ; Jaën s'avance sur la ligne antérieure, et le 17 du même mois le détachement d'Orion intercepte 300 têtes de bétail : le 23, ce même détachement repousse l'attaque d'une colonne ennemie.

Le 10 novembre, le second bataillon réuni vint renforcer le corps manœuvrant en Biscaye et fut employé à couvrir les postes de Eivar et Elgoivar sur la gauche de la première ligne. Le 28, les républicains se présentèrent pour forcer les passages du Déva par Sasiola et Elgoyvar, quand un bon nombre de volontaires biscaïens joints à Jaën, soutinrent l'attaque faite par l'ennemi le 30 et l'obligèrent à se concentrer de nouveau sur Toulouse.

1795.

Le second bataillon continua à occuper l'extrême gauche sous le commandement du général Crespo, et se trouva posté sur les hauteurs d'Azcarate. Le 11 mars une colonne française entreprit la conquête de ce poste, Jaën la battit, l'obligea à reculer et la poursuivit jusqu'à Alegria ; elle revint à la charge une seconde fois le 26 avril et fut encore repoussée : les républicains exécutèrent une troisième attaque le 19 mai protégés par un brouillard épais : « Le poste d'Azcarate, rapporte un historien français (1), opposa une vigoureuse résistance, et toute la bravoure française se brisa contre la froide intrépidité des Espagnols qui défendaient ce point. »

Sa terreur passée, l'ennemi reprit l'initiative, et le 28 juin, pendant la nuit, s'avança sur le poste de Villaréal de Zumarraga que défendait Jaën: mais la valeur et le calme de ce bataillon rendirent cette tentative inutile: alors il marcha sur le pont de Madariaga

(1) Marcillac, Hist. entre la France et l'Espagne.

qui fut instantanément couvert par le second bataillon, et dont il parvint à s'emparer grâce à sa supériorité numérique. Crespo fit venir Jaën qu'il s'incorpora et se retira sur Mondragon ; mais vivement poursuivi, il se hâta, au milieu de juillet, de prendre possession de Miranda pour empêcher le passage de l'Èbre : Jaën soutint une vigoureuse attaque à Revenga, et perdant l'espoir de trouver un appui sur cette rivière, il le chercha dans le château fort de Pancorvo. La paix de Bâle mit fin à la guerre, et tout le régiment rentra à Pampelune pour y tenir garnison.

1797.

Ce traité de paix, peu honorable pour les Espagnols, amena la guerre avec les Anglais : Jaën reçut l'ordre d'aller faire partie du corps stationné au camp de Gibraltar où il arriva le 7 novembre : le second et le troisième bataillon furent employés au service de la ligne, tandis que le premier se rendit à Algeciras.

1798.

Au mois de juillet on lui ordonna de quitter le camp de Gibraltar et d'occuper les cantons de Jerez de la Frontera et Puerto de Santa Maria, mais en novembre il retourna à sa première destination.

1799.

Cette année une partie de Jaën fut embarquée pour aller tenir garnison à Ceuta.

1800.

Le 1er mai, le restant du régiment établit un cordon sanitaire sur la côte de Conil à Tarifa pour préserver l'Andalousie de la peste qui ravageait l'Afrique.

1801.

Il fut appelé pour secourir la garnison d'Algeciras menacée d'un débarquement des Anglais. Le 6 juillet, l'escadre ennemie, composée de six vaisseaux, attaqua l'escadre française forte de trois vaisseaux et une frégate, qui se trouvait dans ce port. Jaën alla couvrir la batterie de Santiago durant ce combat.

1802.

La portion du régiment cantonnée sur le continent s'embarqua pour se réunir, à Ceuta, à l'autre portion qui s'y trouvait déjà.

1805.

A la fin de cette année, l'ordre arriva de mettre

ses bataillons sur le pied de guerre, en prenant du monde dans les régiments de Cantabrie et d'Espagne qui étaient également à Ceuta.

1806.

Le 8 mai, les bataillons 1 et 2 recommencèrent à passer au camp de Gibraltar et allèrent se cantonner à Tarifa pour relever le régiment suisse de Reding, n° 3, qui partit pour Malaga.

1807.

Jaën fit tout le service de garnison et de détachements sur la côte, et au mois d'avril transporta sa résidence au campement du *Sang* établi sur la ligne de Gibraltar; le 3e bataillon continua de demeurer à Ceuta.

1808.

Le 1er et le 2e bataillon sortirent le 28 mai de San Roque pour Ronda, lorsque l'on apprit le soulèvement en masse de la nation. Sur ces entrefaites, le général Dupont passa la Sierra-Morena et envahit l'Andalousie avec 20,000 hommes. Jaën quitta Ronda et dirigea sa marche sur Cordoue; mais en chemin il rencontra les troupes dispersées du général Échavarria, qui avaient été battues le 7 juin au pont de Alcolea, et recula sur Carmona. Le lieutenant-général don Francisco Javier de Castagnos concentra en ce point les forces du district de la capitainerie générale de Séville, et les organisa en divisions; il destina Jaën à l'avant-garde, en y comprenant le 3e bataillon qui arrivait d'Afrique. Ce régiment était commandé par le brigadier marquis de Coupigny; il s'avança de nouveau vers Cordoue et se cantonna à Villa del Rio, pour observer les mouvements du général français qui occupait Andujar avec 12,000 hommes. En ce moment Jaën commença la glorieuse guerre de notre indépendance. Dupont détacha des éclaireurs sur notre ligne, et les guérillas de ce régiment les repoussèrent dans la nuit du 7 au 8 juillet. Le 14 il passa avec sa division de la Higuerita à Villanueva de la Reyna, et sa compagnie de tirailleurs, commandée par le capitaine don Lorenzo Calvo, et soutenue par un détachement de Farnèse, mit en déroute 400 cavaliers dont elle fit 30 prisonniers. Il défit, le 16, à Mengivar, les forces ennemies qu'il poursuivit jusqu'aux hauteurs de Baylen, et le 18, ses tirailleurs repoussèrent la charge de 300 fantassins qui cherchaient à s'ouvrir un passage jusqu'à l'armée impériale, et les pourchassèrent durant deux lieues jusqu'aux murs de Baylen. Le jour suivant il prit part à la célèbre bataille de ce nom et y fit preuve de la valeur héréditaire de cet ancien régiment; ses grenadiers, joints au régiment des Ordres militaires, recouvrèrent vaillamment à la baïonnette l'ermitage de San Cristoval, en méprisant le feu horrible de l'ennemi; enfin les tirailleurs, dans la nuit du 19 au 20, se placèrent à cinquante pas des postes français et s'y maintinrent jusqu'à la reddition de toute l'armée ennemie.

Après cette victoire, on organisa les nouvelles troupes levées en Andalousie et on les distribua avec les anciens régiments sur différents points. Jaën alla réformer le corps du général don Benito San Juan; il pénétra dans la vieille Castille et combattit à l'action de Sepulveda le 10 novembre, où se distinguèrent grandement les 1re et 3e compagnies de grenadiers placées en première ligne; il se replia sur la chaîne de montagnes de Guadarama et occupa, le 24, le passage de Somosierra, contre l'armée envahissante commandée par Napoléon; le 28, après un feu de quatre heures et l'explosion d'une mine qui fit périr la presque totalité d'un régiment de dragons ennemis, il revint à Madrid le 30 et y entra pour défendre la capitale de la monarchie les 3 et 4 décembre, jusqu'à la capitulation. Il se retira alors sur les rives du Tage pour défendre le pont de Almaraz; les Français l'attaquèrent avec des forces supérieures le 25, et Jaën, après y avoir fait son devoir, se réfugia en Estramadure avec les restes de sa division.

1809.

L'armée de ce district était commandée par le

lieutenant-général don Gregorio de la Cuesta, et ce digne chef réorganisa les troupes. Jaën, remis de ses pertes précédentes, occupa le territoire de la Jara le 21 janvier, pour s'opposer aux incursions des Impériaux. Il se battit comme toujours dans les plaines d'Ibor le 16 mars, et le 28 à la bataille de Medellin. Il s'empara du pont de l'Archevêque le 25 juin et le défendit dans la journée du 11 juillet. Il mesura ses forces avec les Français à Alcabon le 26, et assista, les 27 et 28, à la bataille de Talavera de la Reyna, dans laquelle ses grenadiers se distinguèrent. Il s'avança avec une des divisions sur Tolède, qui fut bloquée le 8 août; il prit position sur le pont de Saint-Martin pour empêcher la sortie de la garnison, et supporta patiemment le feu des batteries de la place. Dans la matinée du 9 l'ennemi fit une sortie générale sur les hauteurs; Jaën l'arrêta en couvrant le monastère de la Sisla, jusqu'à ce qu'il reçût l'ordre de se retirer, avec sa division, pour se réunir à l'armée du centre que commandait le général don Francisco Javier de Venégas. Le 11, il prit une part active à la bataille d'Almonacid, sous les ordres du nouveau Bayard, sergent-major don Ramon Sensève, fils illustre de l'académie militaire de Ceuta, parce que son colonel commandait la division d'avant-garde; ce colonel, don José de Zayas, avait succédé à don Antonio Moya, mort glorieusement à la tête du régiment à la bataille de Baylen; mais notre armée défaite quitta la Mancha, et chercha dans la Sierra-Morena un appui pour ses infortunes. En effet, de nouvelles recrues la mirent quelques mois après en état d'entreprendre la seconde campagne terminée par la malheureuse bataille de Ocagna, qui fut perdue le 19 novembre, et pendant laquelle Jaën fut commandé par intérim par son sergent-major, don Eugenio Montero, à cause de l'avancement de Sensève. Ce vaillant chef fit des efforts inimaginables pour maintenir l'unité du régiment pendant la poursuite qu'il éprouva dans la retraite de la part de la cavalerie légère ennemie.

1810.

L'armée française, considérablement augmentée, se décida à pénétrer en Andalousie; Jaën défendit pendant beaucoup d'heures un des passages de la chaîne de montagnes le 20 janvier; mais les détroits des collines des Jardins, de Despegnaperros et du Roi, ayant été forcés, il se vit dans la nécessité de céder le terrain et entreprit une périlleuse et longue retraite vers le royaume de Séville; il passa le Guadalquivir, et se réfugia dans le comté de Niebla presqu'en carré. Sur ce territoire il se disposa à s'embarquer pour Cadix; on le transporta à Saint-Ferdinand, et, par ordre de la Régence du royaume, du 1er mai, tous les débris des corps provenant de la déroute passée formèrent une masse qui fut distribuée en bataillons isolés, prenant le nom et le numéro de provisoires ; ce fut ainsi que l'on annula l'existence et les services de Jaën.

Nous avons eu pour but d'écrire jusqu'à cette époque l'histoire des exploits de ce brave et loyal régiment, qui compte deux cent onze années d'ancienneté, parce que ses dignes chefs eussent nécessairement rencontré de grandes difficultés pour effectuer ce travail. Mais pour les temps plus récents, depuis sa réapparition dans l'armée, en 1814, ils pourront assurément recueillir les faits de la bouche des officiers qui existent encore, et les joindre aux fastes précédents actuellement burinés pour toujours. Nous prions Dieu de ne jamais faire disparaître la mémoire de cette légion invincible, qui doit vivre gravée dans le cœur de ceux qui la composent aujourd'hui, et de leur inspirer les traits de dévouement et de courage qu'ont scellés de leur sang les vétérans qui combattirent honorablement dans ses rangs.

HISTOIRE

DU SECOND BATAILLON DE JAËN

TRANSFORMÉ EN

RÉGIMENT D'INFANTERIE D'ILIBÉRIE.

Valeur et fidélité constantes.
Défense de Hostalrich, le 12 mai 1810).

A la nouvelle de la catastrophe mémorable arrivée le 2 mai 1808 dans la capitale de la monarchie, les peuples d'Ilibérie se levèrent d'indignation; ils nommèrent une junte suprême qui sauva le pays, et avec la rapidité de l'éclair, assemblèrent la jeunesse pour prendre les armes et repousser par la force une des plus injustes agressions que le XIXe siècle ait connue.

Parmi les corps qui s'organisèrent instantanément, on compte celui intitulé : *premier bataillon des volontaires de Grenade*, qui se réunit dans la capitale au mois de juin, et fut dirigé sur Alcala la Real pour y recevoir l'instruction nécessaire; ce fut dans cette ville que fut rendu l'arrêté de la division qui le mettait sous les ordres du maréchal de camp don Teodoro Reding. La junte nomma pour commandant immédiat de ce bataillon le capitaine de grenadiers du régiment d'infanterie de Malaga, colonel gradué, don Francisco Fernandez de Cordova; mais à peine avait-il pris les armes et portait-il encore l'habit de paysan, quand l'armée française, conduite par Dupont, envahit l'Andalousie. Déjà à cette époque, le général don Francisco Javier Castagnos avait réuni tous les corps du district de la capitainerie générale de Séville, et marchait à la recherche de l'ennemi. Le premier de Volontaires de Grenade fut incorporé dans l'armée et eut l'honneur de combattre à Menjibar le 16 juillet, et le 19 à la bataille de Baylen, si glorieuse pour notre patrie. Après la destruction du corps impérial de Dupont, les volontaires qui n'étaient en réalité qu'un groupe d'hommes vaillants, se cantonnèrent à Alendin, et dans ce poste, distant de peu d'heures de la capitale, ils changèrent de forme et d'organisation.

Le second bataillon de Jaën fut destiné, avec 500 vétérans, à faire le fond d'un nouveau régiment de deux bataillons de huit compagnies chacun, y compris les compagnies de grenadiers et de chasseurs, son effectif étant augmenté par les hommes du premier bataillon de volontaires de Grenade et

2,400 jeunes gens qui vinrent spontanément s'y joindre. Le souvenir de l'ancienne *Ilibérie* donna un nom illustre à cette légion andalouse, organisée par le même colonel don Francisco Fernandez de Cordova, par le lieutenant-colonel don Juan Antonio Martinez et le sergent-major don Melchior Alvarez; chaque soldat reçut pour habillement une veste et un pantalon de drap gris, collet et revers rouges, avec un chapeau rond portant par devant une plaque où était gravé le nom du nouveau corps, qui passa sa première revue le 1er septembre, jour où l'on vit flotter au-dessus de ses bataillons, les croix de Bourgogne avec les armes de Grenade. Belle et vaillante jeunesse qui, sous le cri saint de : *Pour la religion, pour la patrie et pour Ferdinand VII, vaincre ou mourir*, se disposait à venger les outrages d'un Corse audacieux, qui osa traverser les Pyrénées et atteler les Espagnols au char de ses conquêtes.

1808.

L'impatient Ilibérie se mit en marche le 7 octobre, et, faisant partie de la division du général Reding, se dirigea sur la Catalogne : il arriva à Valence le 31 ; il continua le 2 novembre et entra à Molins del Rey le 15, puis se cantonna à San Andres de la Barca. On organisait pendant ce temps l'armée de la principauté, et Ilibérie commença la campagne dans la nuit du 25, en chassant les ennemis des villages de Hospitalet, Sarria et Sans, et en les enfermant dans Barcelone. Cette place étant assiégée, il occupa Hospitalet, et tandis que le comte de Caldagués faisait tous les dispositifs nécessaires pour agir contre la place, il alterna dans le service avec les régiments de Baza et Reding (Suisse), avec les hussards de Grenade et six pièces placées sur la hauteur des *Frailes,* jusqu'à ce que le commandant français du poste de San Pedro Martir faisant résistance, le régiment d'Almeira l'attaqua et le prit, avec l'aide d'Ilibérie et du corps de miquelets du lieutenant-colonel don José Manso. Le 5 décembre, il s'avança sur les batteries établies sur la montagne de Monjui et Cruz, qui furent prises à la baïonnette et enclouées par le capitaine de chasseurs don José Erenas.

Après la perte de la bataille de Cardedeu, le 17, on leva le jour suivant le camp devant Barcelone; Ilibérie prit position sur les hauteurs de Molins del Rey, sur le prolongement d'une ligne qui embrassait les villages de San Vicente, Santa Coloma et San Boy, situé à droite de Llobregat. Le 20, la garnison de Barcelone sortit et se présenta à 2 heures du soir en vue de San Feliu ; le 21 au matin, elle enveloppa nos positions, et après un feu nourri de part et d'autre, les troupes espagnoles se dispersèrent; Ilibérie se réunit à Tarragone. Destiné le 24 à occuper la position de *Lorito,* il avança sur le chemin de la capitale, parce que l'ennemi s'était stationné à Altafulla; il fut relevé de ce poste le 25 par le régiment d'Almeira et rentra à Tarragone. Il resta dans cette place, où il fit le service jusqu'à ce qu'il en sortît pour Altafulla et Torredembarra un fort détachement.

1809.

Les Français ayant pris la résolution de recouvrer ces positions, ils se virent attaqués le matin du 15 février se retirant sur *Lorito*, quand 500 hommes du même corps, sortant de Tarragone, renforcèrent le détachement, s'avancèrent contre l'ennemi, l'obligèrent à reculer et reprirent les villages après un feu violent. Tout le régiment d'Ilibèrie marcha avec un corps de troupes pour protéger la défense de la place de Gérone, et le second bataillon entra au mois de septembre dans celle d'Hostalrich pour la défendre. Le 7 novembre, les Français se présentèrent avec 7,000 hommes et 600 chevaux contre la ville qui se défendit héroïquement ; sept fois ils assaillirent les parapets et sept fois ils furent repoussés par un feu horrible : enfin, lorsqu'ils furent maîtres de la porte des *Frailes* et de la place des *Bueyes*, Ilibérie se retira dans le château laissant les rues couvertes de morts et de blessés. L'ennemi, irrité, livra les habitations aux flammes, mais l'artillerie du fort l'obligea de déloger. Le 15 décembre, les Français revinrent et menacèrent le château en occupant le village de Masanés qui se trouvait sur leur front, avec 4,000 hommes et 500 chevaux : la compagnie de chasseurs et une partie de la garnison firent une sortie pour escarmoucher, et les Impériaux se retirèrent.

1810.

L'ennemi, convaincu qu'il ne pourrait se rendre maître du château sans un siége en règle, commença les approches le 13 janvier avec 18,000 hommes et 1,500 chevaux, et pénétra le 19 dans la ville, se couvrit en arrière par des retranchements et occupa l'Eglise le 20. Les compagnies de chasseurs d'Ilibérie et de Gérone, soutenues par 800 fusiliers, exécutèrent une sortie : ce détachement fit des prodiges de valeur en donnant l'assaut au parapet et en méprisant le feu des assiégeants qui se maintinrent sur la défensive.

Le 20 février, les batteries de brèche ouvrirent leur feu et lancèrent, de ce jour au 15 avril, contre l'enceinte 4,800 bombes ; mais la bataille de Vich, perdue le 20 février, empêcha le château de Hostalrich d'être secouru, et le général francais signifia de se rendre, avis qui fut méprisé. Néanmoins, le 5 mai le gouverneur donna mission au capitaine d'Ilibérie don Pio Falces de conférer avec le général en chef don Enrique O-Donell, lequel annonça au camp de Tarragone à cet émissaire qu'il était humainement impossible de secourir la place. Lorsque le chef principal connut cette résolution, il prit toutes les dispositions convenables, et la nuit du 12 exécuta une sortie silencieuse avec toutes ses troupes; Ilibérie se lança avec décision et valeur sur les tranchées, tua les sentinelles, et, surmontant tous les obstacles à la baïonnette, parvint en lieu sûr malgré tout un corps d'armée. Arrivé à Buxaleu, les Impériaux le poursuivirent, et dans cette retraite il perdit son lieutenant-colonel, don Julian Estrada; les troupes, pourchassées vivement, prirent le parti de se disperser, et le régiment d'Ilibérie, d'après une consigne convenue, se réunit le 13 à Vich où le second bataillon présenta un effectif de 700 hommes. En souvenir de cette action mémorable, le général donna à la garnison de Hostalrich une médaille rhomboïdale en argent, portant un château couronné avec l'inscription : *valeur et fidélité constantes*, et au revers les armes de Catalogne et la suscription : *Hostalrich*, 12 *mai* 1810. Les médailles des officiers furent en or et les lettres royales d'envoi furent accompagnées d'un grade.

Le 14, le second bataillon d'Ilibérie quitta Vich pour Tarragone. La place le courtisa par une cérémonie civique qui dura deux jours. Le banquet général était composé de députés de toutes les classes : sous les serviettes des sergents, il y avait 160 réaux et sous celles des caporaux et soldats 80.

Sur ces entrefaites, le premier bataillon qui était retourné à Tarragone, après la bataille de Vich, s'était réorganisé, vêtu, armé, et avait servi d'escorte aux convois qui pourvoyaient la garnison de Gérone; mais, avant l'arrivée du second bataillon, il était parti pour s'incorporer à Falset dans la division du général marquis de Campoverde. Le second bataillon se mit en marche le 10 juillet pour se réunir au premier. Le 15, il s'avança à Tivisa dans le but d'attaquer les troupes assiégeantes de Tortosa, commença le feu à 10 heures du matin et parvint à chasser les Impériaux de Tivisa qui fut occupée par le régiment d'Ilibérie : l'ennemi se refit promptement, et, renforcé de nouvelles troupes, chargea les deux bataillons de ce corps sur les 4 heures du soir, et, enveloppant le village, les obligea à rétrograder sur leur position précédente de Falset. Le 30, le général inspecta les troupes de cette division, et à 10 heures du matin se remit en mouvement pour déloger l'ennemi de Tivisa; Ilibérie se distingua notablement en repoussant une division polonaise contre laquelle il soutint, pendant deux heures, un combat si terrible que le général en chef, dans son rapport au gouvernement, loua ce régiment en indiquant qu'il avait soutenu le feu avec la même régularité qu'eût pu le faire une armée de parade, et récompensa sur le champ de bataille d'un grade tous les officiers non gradés, et de l'emploi effectif immédiat les blessés. Après cet exploit militaire, on le destina à escarmoucher contre les assiégeants de Tortose jusqu'à l'invasion de l'armée française dans le camp de Tarragone. Le 5 août, Ilibéric occupa avec sa division le Coll de la Riva, puis se cantonna à Picamoxons et ultérieurement à San Culgat del Vallés.

De là, il s'avança rapidement sur Abisbal, attaqua Palamos, la Canonja et enfin le même Abisbal, où fut fait prisonnier le général français Sonats, au mois de septembre, avec une perte de 2,000 hommes et un riche butin. Après cette expédition, il dirigea avec sa division ses opérations sur la Cerdagne française, assaillit Puycerda le 29, délogea l'ennemi et le battit dans la plaine de Sayagosa, l'obligeant à repasser les Pyrénées, lui occasionnant une grande perte et s'emparant de son artillerie. Rentré ensuite à Puycerda, il se repose quatre jours, et, descendant l'Urgel, occupe Sanauja et Guisona qu'il abandonne pour se concentrer à Cardona, vu que le maréchal Macdonald approche. Ce dernier attaque, le matin du 21 octobre, Iliberie, avec le régiment de Almeria, repousse ses troupes, entre midi et une heure de l'après-midi, par le chemin de Milagro, et ces troupes, après six heures d'un combat infructueux, effectuent leur retraite sur Solsona, laissant le champ de bataille couvert de cadavres : en représailles de cette déroute, Solsona est livrée aux flammes. Ilibérie reçoit l'ordre de passer à Igualada pour renforcer la division Sarsfield, continue avec elle à poursuivre les Français, qui incendient aussi Manresa en le traversant, atteint leur arrière-garde dans les faubourgs le matin du 26 et leur fait quelques prisonniers. Après cet exploit, il retcurne à Igualada et s'empare avec la division des villages de San Celoni, Granollers, Santa Eulalia, Sabadell et Tarrasa pour intercepter les convois dirigés sur Barcelone, dans le but de maintenir sur cette ville une espèce de blocus.

1811.

Au commencement d'avril, Ilibérie reçut l'ordre de se transporter au camp de Tarragone et se cantonna à Vilaseca pour attendre le résultat du siége de Tortose ; mais la reddition de cette place le fit entrer dans celle de Tarragone, parce que le général en chef supposa que les ennemis, débarrassés, réuniraient leurs forces pour assiéger cette dernière ville. En effet, le 3 mai le général Suchet se présenta devant ses murs avec l'armée d'Aragon, et occupa les points culminants de *Hermitagno* et *Lorito*. Ilibérie se hâta d'entrer dans le fort d'*Olivo* avec le régiment d'Amérique sous les ordres du colonel don Juan Maria Gamez : la nuit du 5, les assiégeants commencèrent leurs travaux de tranchée contre ce fort ; le 8, ils étaient déjà couverts, et le 10 au matin, ils attaquaient les parapets de l'enceinte à distance d'une portée de fusil : les Français sont repoussés par Ilibérie ; nonobstant, ils répètent leurs attaques les 11 et 12, et le 13 réussissent à s'établir dans cet ouvrage extérieur qu'ils emploient comme base du tracé de la seconde parallèle qui fut reliée avec un grand réduit construit dans l'hôtellerie de la *Serafina*. Le premier bataillon releva le premier d'Amérique sous le commandement du lieutenant-colonel d'Ilibéric, don Raphaël Casteray : une sortie, exécutée au point du jour du 18 et combinée avec le mouvement d'une autre colonne de la place, surprit les ennemis, les expulsa à coups de baïonnettes et tua le général qui les commandait : on inutilisa mille grenades chargées, et on combla les tranchées en peu de temps, de sorte que vers les 8 heures du matin tout était terminé, sauf la vengeance du maréchal qui ranima ses troupes et vint de nouveau se placer résolûment en bataille ; mais Ilibéric, ayant accompli sa mission périlleuse, se retira tranquillement à Olivo.

Le 20, le capitaine de grenadiers de ce corps, don Miguel Duarte, reçut l'ordre de sortir avec sa compagnie et la compagnie de grenadiers du régiment de l'Amérique, et emporta deux obusiers qu'il établit sur les hauteurs des Anges : soixante-douze grenades lancées sur la tranchée ennemie y causèrent de si grandes pertes, que les Français, irrités, s'élancèrent sur nos pièces qui furent défendues par le feu nourri des grenadiers jusqu'à ce que l'on en vînt à l'arme blanche ; Duarte tomba blessé dans la mêlée, mais renforcés par la compagnie de chasseurs d'Ilibéric, nous repoussâmes les Français qui éprouvèrent de grandes pertes.

Cependant la fin de ce vaillant corps approchait. Il défendait héroïquement le fort d'*Olivo* contre les attaques multipliées des Français, quand le maréchal profita d'un incident que le sort remit entre ses mains. C'était le moment où le régiment d'Almeria devait venir relever le régiment fatigué d'Ilibérie : Suchet embusqua une partie des troupes françaises et, dans l'obscurité de la nuit, divers soldats crièrent en bon castillan à ceux du fort : *Ne faites pas feu, nous sommes d'Almeria.* L'avis donné au maréchal n'était malheureusement que trop certain, la garnison resta tranquille ; au même instant, un assaut général mit le fort au pouvoir de Suchet, et le régiment d'Ilibérie fut conduit en France. Le peu de détachements de ce corps restés à Tarragone capitulèrent le 29 juin et allèrent rejoindre leurs camarades : la misère, la fuite et la mort mirent fin à l'existence d'un grand nombre, et à leur retour en Espagne, après la paix, les autres reçurent des congés définitifs. Ainsi s'éteignit un corps qui avait su conserver la bonne réputation et la renommée du second bataillon de Jaën.

Paris. — Imp. de H. V. de Surcy et Cie, rue de Sèvres, 37.

www.ingramcontent.com/pod-product-compliance
Ingram Content Group UK Ltd.
Pitfield, Milton Keynes, MK11 3LW, UK
UKHW031926260826
14628UKWH00003B/1454

9 782013 267489